2008 年作者（前排中间）
在雅典教养生功

作者受王西安拳法研究
会希腊分会邀请到希腊
讲学

作者在为外籍学生示范：
“这个动作应该这样做”

2008 年作者（第二排中间）在法国卡尔城市讲学（学生达 110 人）

2008 年作者（后排中间）在意大利国家训练馆讲学

太极功夫系列

Taiji Gongfu Series

# 陈式太极拳推手技法

# Chen Style Taijiquan Push Hands Techniues

王西安　著

Wang Xi'an

河南科学技术出版社

Henan Science and Technology Press

·郑州·

·Zhengzhou·

## 内容提要

本书是陈式太极拳第19代传人王西安先生的新著。主要内容包括：太极拳推手的起源；太极拳推手十大劲论；单式训练法；太极养生增气功；臂裆训练；陈式太极拳推手的种类及手型、步型、手法、步法；单人推手演练法；双人推手演练法等。本书系统地介绍了陈式太极拳推手的基本理论、练习方法和技击诀窍，内容简单实用，文字通俗易懂，并附有授拳照片近300幅，是广大太极拳爱好者学练陈式太极拳推手的良师益友。

**图书在版编目（CIP）数据**

陈式太极拳推手技法／王西安著．—2版．—郑州：河南科学技术出版社，2008.4（2017.4重印）

（太极功夫系列）

ISBN 978-7-5349-3930-3

Ⅰ.①陈…　Ⅱ.①王…　Ⅲ.①太极拳－推手（武术）Ⅳ.①G852.11

中国版本图书馆CIP数据核字（2008）第046761号

出版发行：河南科学技术出版社

地址：郑州市经五路66号　邮编：450002

电话：（0371）65737028　65788140

网址：www.hnstp.cn

责任编辑：韩家显　韩雅楠

责任校对：徐小刚

封面设计：宋贺峰

印　　刷：郑州环发印务有限公司

经　　销：全国新华书店

幅面尺寸：168 mm×235 mm　印张：10.5　字数：118千字　彩页：2

版　　次：2008年4月第2版　2017年4月第11次印刷

定　　价：22.00元

## 太极感言

太极创始数百年，圣地沿袭代代传。
风流人物数不尽，唯有绩甫* 树心坚。
培养下代接班人，喜看今日陈沟村。
全村老少皆习武，太极传播誉全球。

讲述气魄冲霄汉，招招演练作示范。
只恨当年没留心，又惜未下苦功练。
继承传统拙著文，挂一漏万难补填。
孤灯独坐思恩诲，回首仰望空叹天。

**【注释】**

* 陈式太极拳第 18 代传人陈照丕，字绩甫。

# 作 者 简 介

王西安是当代陈式太极拳代表人物，陈式太极拳“四大金刚”之一，享誉世界的太极拳王。现任陈家沟武术院院长，中国民间武术家联谊会会长，焦作市武术协会副主席。他是国内外50多个武术团体的会长、顾问或总教练。

他出生于太极拳发源地陈家沟。自幼随陈式太极拳大师陈照丕和陈照奎习练太极拳，前后20多载，掌握了陈式太极拳的精髓。他的套路演练舒展大方、形神兼备。他的技击功夫极好，跌打掷放，迅、猛、灵、脆，威力惊人。1972年，他开始参加比赛，先后20多次获得全国和河南省太极拳套路和推手比赛冠军。他是首届全国太极拳推手锦标赛冠军，首届全国太极拳名家邀请赛冠军。1983年，他开始出国讲学传拳。他的足迹已经遍及30多个国家和地区。他是第一个应邀出国传拳和将陈式太极拳传到日本与欧洲的陈式太极拳大师。他的200多个入门弟子都是全国或河南省太极拳比赛的冠军，他的弟子的弟子获得全国或河南省太极拳比赛冠军者不计其数。他的外籍弟子获得中国或本国太极拳比赛冠军者不胜枚举。

他勤于笔耕，先后出版了《陈式太极拳老架》、《陈式太极拳推手技法》、《陈式太极拳老架技击秘诀》、《陈式太极拳新架一路》、《陈式太极拳新架二路及单刀单剑》等太极拳著作。他的著述中处处闪现其对运动走劲的独特感悟，初学者细读可粗窥门径；有志者循序渐进，可达精妙之境。他还录制了9种陈式太极拳套路演练光盘。他的著作和光盘均在国内外发行。他已入选《中国武术家名典》、《东方之子》、《中国名人录》等。

# Introduction To The Author

Being one of the four world-famous Chen Style Taijiquan Grand Masters, Wang Xi'an is a representative figure of contemporary Chinese martial art. He is the current president of Chen Village Martial Arts Institute, the chairman of Chinese Folk Martial Artist Association, and the vice chairman of the Wushu Association of Jiaozuo City. He is also the head coach or consultant of more than 50 martial art teams throughout the world.

Master Wang was born in Chen Village —— the birth place of Chen Style Taijiquan. Starting in his youth, he followed the two 18th generation Chen Style Taijiquan grand masters, Chen Zhaopi and Chen Zhaokui, for over 20 years to learn and refine his skills and theory. Under the brilliant teachings of the two grand masters and through his own diligence, he mastered the essence of Chen Style Taijiquan and excelled in many aspects of Chen Style Taijiquan, especially in the practical techniques of push hands. His beautiful forms are characterized by graceful, complete, and natural moves. His astounding combat techniques are full-feature demonstrations of power, swiftness, flexibility, and effectiveness. Since 1972 master Wang has participated in numerous national and regional martial art tournaments and earned more than 20 titles in both Chen Style Taijiquan routines and push hands. He was the champion of the very first National Taijiquan Push Hands Championship Competition, and the champion of the first National Taijiquan Masters Invitational Tournament. Master Wang started his teaching outside China from 1983, since then has traveled to over 30 countries and regions worldwide to teach Chen Style Taijiquan. He was the first Chen Style Taijiquan master having been invited to teach taijiquan in Japan and Europe. His more than 200 formal disciples are all gold medal winners of various national and regional taijiquan tournaments, and his disciples' students have also won numerous gold medals in national taijiquan tournaments. Many of his international students are champions of national and worldwide taijiquan tournaments.

Based on his own learning and teaching experience as well as the works of earlier Chen Style Taijiquan masters, Master Wang has published several books about Chen Style Taijiquan: *Chen Style Taijiquan Old Frame, Chen Style Taijiquan Push Hands Techniques, The Secret Combat Techniques of Old Frame Chen Style Taijiquan, Chen Style Taijiquan New Frame First Form, Chen Style Taijiquan New Frame Second Form ,Single Broadsword and Single Straight Sword*. He also recorded all Chen Style Taijiquan routines on a set of 9 video discs to give students a live, thorough, and detailed demonstration. These books and videos are available throughout the world, these works fully reflect Master Wang's personal enlightenment and deep understanding of the Chen Style Taijiquan theory and training system, they were written to help beginners as well as advanced students to improve their taijiquan skills towards perfection. Because of his excellent taijiquan skills and well recognized works in teaching and promoting taijiquan throughout the world, Master Wang was selected to be listed in *The Dictionary of Chinese Aartial Artists, The Son of China, The Book of Famous Chinese People*.

# 序 言

喜闻王西安先生的新著《陈式太极拳推手技法》即将出版，兴奋之情难以言表。

记得 1995 年 11 月我们邀请他到日本东京讲学的时候，他的提包里装着两本正在修改的书稿，这本书就是其中的一本。讲学之余，他把全部精力用于著述和修改书稿，这令我们非常感动。王西安先生高尚的武德、卓越的拳技，一直是我们日本太极拳爱好者学习的榜样。他多年为促进中日两国太极文化的交流和传播做了大量工作，对此我们深表敬意。

如今在日本，喜爱太极拳的人正日益增多，他们都从“刚柔相济、阴阳开合”的太极拳中不同程度地了解和感受到中国文化的巨大魅力。我认为这些成绩的取得是与以王西安先生为代表的中日两国致力于发展太极拳事业的人们长期以来辛勤的工作分不开的。

“太极”的本意是“无所不在，无所不有”。所以，我们相信太极拳不仅属于中国，也属于世界，因为她揭示了整个人类玄而又玄、博大精深的精神。

感谢太极拳，也感谢王西安先生！通过学习太极拳和认识王先生，我感受到了完全不同的世界和人生。衷心地祝愿王先生写出更多更好的太极拳专著！

野口敦子

1998 年 1 月于日本东京

# 自　序

陈氏太极拳是融健身、技击为一体的古老拳种，早在300多年前就已成为我国最著名的拳派之一。太极拳的“太极”二字，内涵丰富，包括面十分广泛，涉及天文、地理、乐律、兵法等诸多学科。

近年来，随着喜爱和演练太极拳的人日益增多，对太极拳理论书籍的需求也愈来愈迫切。

本书是在陈式太极拳老架一路76式和老架二路45式基础上，删去重复动作，分别剩余42式和38式，逐式分解技击用法及其特点和运动路线。为便于演练者背诵、记忆，书中用了较多的五字或七字俚语，各式后边附有不同情景下的分解动作用法详解，最后以陈鑫俚语歌诀结束。本书对有一定练拳基础的人研究陈式太极拳有一定的参考价值。但在演练时要注意，无论是推手实践，还是练习单式，都必须建立在“阴阳开合”、“刚柔相济”、“开中寓合”、“合中寓开”的技击、形体相互转化基础上。在技击方法练习中，不能因重视技击，反而出现断续、僵直、丢顶之病，只是在意念和手法上略有侧重而已，久之熟能生巧，定收良效。切不可顾此失彼，弄巧成拙。

本书是著者在长期练拳实践中的一点经验积累和体会，意在抛砖引玉。演练者应遵循太极拳的理论，在实践中反复体会，总结经验，明辨各招式中的“意与气”、“气与形”、“形与神”、“内外相合”、“周身相随”等原则。只有掌握各招式之间的相互变化关系，才能逐渐提高自己的技击水平，愈练愈精。因作者水平有限，加上时间仓促，书中会有疏漏之处，望广大朋友阅后多提宝贵意见。

阎素杰、宋振伟参与了本书的校对工作。

王西安

1998年8月于郑州

# 目 录

第一章

# 概 论

## 一、陈氏始祖历史推源

陈家沟陈氏始祖陈卜，于明洪武五年（1372年）迁居河南怀庆府，至今已有六百余年历史。关于陈卜的历史渊源，各执己见，众说纷纭。到底他原籍在哪里、家乡在何处，一直是个未解的谜团。

据陈氏家谱记载：始祖陈公讳卜，于洪武五年于原籍山西省泽州府东土河村携眷避迁洪洞。先是明元逐鹿取我中原时期，明太祖屡战怀庆不下，定鼎后曾血洗怀庆，人烟几乎绝灭，继迁晋民填补。故我始祖在避迁中，又由洪洞被迫迁至沁阳东南三十里之野，结庐居也。始祖为人忠厚，兼精拳艺，颇受时人所推崇，而以其名命其居处曰陈卜庄，住二年又全家迁居温县城东十里之常阳村。后因人丁繁衍，村名易为陈家沟（1976年12月修）。

《太极拳图画讲义》（陈鑫著）中有一段叙述道：我陈氏自陈国支流山左派，衍河南始于河内，而卜居继于苏封定宅，明洪武七年（1374年）始祖讳卜，耕读之余，而以阴阳运转周身者，教子孙以消化饮食之法理根太极，故名曰“太极拳”（中华民国二十二年四月初版）。

《陈氏太极拳汇宗》（陈照丕著）自序中有一段道：明洪武七年，余始祖卜，由山西洪洞县大槐树迁居河南温县常阳村。因我族生嗣繁衍，遂以陈家沟易名；西距城十里；背负一岭，名为清风岭。当时内匿匪类甚多，扰劫村民，官兵莫敢捕。余始祖以夙精太极拳，慨然奋起（中华民国二十四年十月初版）。

《陈氏世传太极拳术》（陈子明著）自序中有一段道：自我九世祖王廷公创始太极拳术，下逮子明，已及八世，其间名手辈出（中华民国二十一年十二月三十日初版）。书中未曾提到始祖之词。

在《太极拳源流考》中唐范生略提到陈卜，其意说陈卜不是太极拳创始人。创始人应该是陈王廷。

1986年前，我在翻阅陈鑫著的《太极拳图画讲义》（手抄本，中华民国五年八月中秋五日品三）时，看到自序中有一段“始祖陈公讳卜，山西晋城泽州郡东土河村”。

当时看过之后，我又细心地查阅了陈氏前辈的所有资料，所述各有不同。有的说“泽州郡”，有的说“泽州府”；有的说“东土村”，有的说“东土河”；有的说陈卜时期人们就会练太极拳，有的说陈王廷创始太极拳。此处先不论谁是创始人，且说看过陈鑫手抄稿之后，每当想起总是有点含糊，总想弄个究竟。由于工作忙碌，一晃数年已过。

1998年秋，我与阎素杰、张保忠、张豆豆四人前往山西调查。一路上翻山越岭，穿沟爬坡，经过几天的寻找，终于在第三天找到了东土河村。我们先找到村支书郭智慧先生，讲明来意后，他对我们的工作非常支持。他笑着说道：“走，我领你们去见一个人，他是我们村的老干部，对历朝历代最清楚，在我们村都叫他是‘活字典’。”出了他家向东又向南，没多时就来到了这位老干部家，经过支书的介绍，知道他叫郭延祥。老郭问我们是从哪里来的，我们答：“河南陈家沟。”他一听说陈家沟来人，笑着道：“陈家沟与土河村是一家人。”我们接着就切入正题，问他："你怎么知道陈家沟与贵村有渊源呢？"老郭伸手拿起桌上的茶杯，喝了口水，道："说来话长"。

老郭说，这村比较古老，在元代前村里就几百口人，后经历代争战，人口愈来愈少。特别到了明洪武三年（1370年）之后，这一带连年遭灾，加上官府苛捐杂税繁重，已是民不聊生。到了洪武五年（1372年）春，这村外出逃荒要饭者更不计其数。

老郭说，这村中有一姓陈的老汉，他有三个儿子。有一天，老汉把三个儿子都叫到跟前说："这个家你们是不能再待下去了，出外逃荒要饭也比咱们都饿死在一块儿强。"三个儿子一听便跪下哭着道："爹，您年过六旬，应该是孩子们伺候您的时候了。我们怎能忍心自己逃命，扔下您不管？"陈老汉沉下脸道："你大哥不走，留在家里。老二、老三你们自个走。"随即陈老汉到屋里拿出个铁锅，照地上一摔，然后用手一指道："你们兄弟三人各执一片。若能活下去，日后你们兄弟见面时以锅片为证。"后来听村中老人们一代代传下来说：老三在沁阳邗部，老二在常阳村（今陈家沟）。

我们又接着问道："陈家在这村会不会练拳？"老郭道："会。以前陈家还中过武举呢，这人叫陈锦堂。不过遭荒年后就不练了。"谈完后，老郭又领着我们到陈家祠堂旧址，找几个80岁以上的老人给我们讲陈家的历史。他们和老郭讲的都是大同小异。临走时老郭又给我们说："你们如果有时间，到晋城市找一找陈富元，他是陈家辈数长、年岁大的人，对陈家历史知道的也多些。"我们听后随即驱车前往晋城。

赶到晋城，天已是下午了。我们找了个熟人，领着我们找到了陈富元先生。讲明来意后，陈富元对我们说，由于以前连年战乱，记载基本都丢光了，只是陈门长者代代传说：土河村已有数百年的历史，由于历史的变迁，岁月流逝，家谱只能续到清末。前辈为了延续子孙万代，陈家先祖曾为陈门启用了“仲思自文玉、福廷云金和、景作元风殿、毅假良贞洪”这20个字谱，作为子孙续排传用。我们问：“陈家沟与土河村姓陈的有啥关系没有？”陈富元道：“据历代传说，明初战乱刚刚平息，苛捐杂税愈来愈重，又加上那几年灾荒不断，家族中曾有不少人背井离乡，携儿带女逃荒往河南去，后来传说他们都在河南怀庆府邗郚、常阳落户了。”我们又问他：“你们陈家知道河南有你们陈姓同门，为什么都没人去看看？”陈富元道：“以前没有公路，太行山层峦叠嶂，数十里没有人家，若没人结伴同行，遇见狼虫虎豹那定是有去无回，谁敢去？不过，1965年2月初我们一行几人去寻访过。由于年代久远，又缺少文字记载，一时难以搞清楚。不过他们都知道自己是晋城人。”

第二天，为了弄清泽州郡、泽州府，东土村、东土河的问题。我们又走访了晋城市史志办。他们说：“你们所查的资料历史年代比较久远，一时半刻搞不清楚，最好你们亲自查。”

经过查阅，泽州名最早始于隋代，后经唐、宋、元、明、清、中华民国时期，略有变动。参考变动情况：隋开皇三年（583年）取消郡的制度，以州辖县。高平郡改为泽州。

唐高祖武德元年（618年）废长平郡置泽州。

唐高祖武德二年（619年）析丹川县置晋城县，晋城名由此始。

唐太宗贞观元年（627年）泽州州治由端氏移至晋城。

唐玄宗天宝元年（742年）改泽州为高平郡。

宋高宗建炎二年，金太宗天会六年（1128年）改泽州为南泽州。

金海陵王天德三年（1151年）南泽州复改为泽州。

清世宗雍正六年（1728年）泽州改府。

中华民国三年（1914年）废泽州府，改凤台县为晋城县。

1983年，晋城县改为晋城市（县级市）。

1985年，晋城市改为省辖市。1996年晋城市郊区改为泽州县。

晋城若干村名变异表正数第8行有：东土河村（原名东土蛾村），何时变异没有记载。

晋城县的基层行政区划，明代以前无从详考。明、清两代均实行里甲制度。清代以来的里甲制度有较为详细的记载。《山西通志》记载：清雍正六年（1728年）凤台县划为170里，但未记载里甲的具体名称。

清乾隆四十七年（1872年）版《凤台县志》及清光绪八年（1882年）版《凤台县志》对乡里名称均有详尽记载。

清乾隆时，全县划分4乡、20都、171里（后改为150里）。乡辖都，都辖里。城内设10坊。关边设9乡。4乡中立南乡，下辖26里、347庄，东土河村则在其中。

东土河村概况：东土河，全村284户，887人，耕地面积1 197亩。村内以陈、王、郭三姓为主。陈姓165户，825人。村东西长0.8千米，居住在面南坐北的山洼里。村内老街比较狭窄，但全是青石条铺地，由于年代久远，雨水冲刷，长年失修，如今变得有些凹凸不平。古老房屋处处可见，保存完好。历代古迹四处呈现，山青水绿，风光秀美。

村东头，有两棵老树，一棵槐树，一棵杨树，数人环抱不能围。由于年代久远，两棵树螺旋形缠绕到一起，弯曲前伸，由路南到路北又漫圆下垂，远远看去好像是一座人工搭成的大寨门。岁月流逝，树干中空，人们常在树下乘凉，树内避雨。

村西头有座大庙，始于宋代，华丽精美。庙后紧靠青山，两边是沟，右边叫圪里沟，左边叫化角沟，沟内溪水流淌，长年不断，听到哗哗的溪水声，清心悦耳。相传，这座庙与晋城市庙及河南沁阳二仙庙相继建立，后人称这三座庙为姊妹庙。

望月壁，在庙的南边，墙宽20余米，高10余米。影壁墙四周塑着四个弯腰神像，手执铁链，个个龇牙咧嘴，人称“四大天王”。中间塑了一头大犀牛，更是精美别致，在阳光的反射下，地面可以现出牛影，故后人把它叫做“犀牛望月”。

村南边山顶有座“珍珠塔”，50多米高，始于唐代。这座塔修造得更加精美，雕梁画栋，各种图画琳琅满目，在阳光的照耀下，五彩缤纷，华丽诱人，让人流连忘返。

村西南山脚下，在青石板上有3眼吃水井，开挖于明代，井深3米，水仍清澈见底。在没有先进工具的年代里，石上开井绝非易事。这显示了东土河村人民的坚毅和智慧。

村西南的大山上，半山腰孤零零地伸出一块大青石（3米多长，两米多宽），远远望去像是一只从山中向外爬出的乌龟，近看更是形象逼真。当地民谣道：“空腾龟天成，人诚龟更诚。踩踩龟身背，辈辈都富贵。踏踏龟脖头，万事不用愁。跺跺龟背腰，步步能升高。”

为弄清陈卜迁居陈家沟的历史渊源，我曾去太原，下洪洞，三到晋城，三访东土河村。调查所得，与陈鑫的《太极拳图画讲义》中所述相符。陈家沟陈氏始祖陈卜，实属东土河村人氏。因作俚歌，以志纪念。

历代泽州多争战，元明时期人更惨。
苛捐杂税繁且重，饥荒年里遭蝗虫。
日午灶旁无炊烟，草根树皮把肚填。
陈卜携眷逃洪洞，又遇移民徙怀庆。
为拨迷雾深山访，澄清渊源志气扬。
岁月如烟空逝去，弹指一挥数百年。

## 二、太极拳推手的起源

陈式太极拳推手起源于河南省温县陈家沟，是陈式太极拳的创始人、明末清初陈氏第9代陈王廷发明的。陈王廷（字奏庭）是河南省温县陈家沟人，擅长武术。据《陈氏家谱》所记："在山东称名手……陈氏拳手，刀枪剑棍创始人也。"他在祖传的108式通背长拳的基础上，吸取明代民间诸家武术流派之精华，结合《易经》、《黄帝内经》、《针灸大成》等学说，根据阴阳动静开合的原理，反复实践，发明了一种独创性竞技运动——太极拳及太极拳推手。

推手原来也叫"擖手"或打手。它是建立在抓、拿、摔、化、跌、打及反骨等基础上的一种实用性的技击方法。其技击、对抗性甚强，对增强体质、耐力，提高动作灵敏度和反应速度等具有十分重要的作用。

太极拳推手不受年龄、性别、身法和场地、器材等条件的限制，且演练者一般情况下不会受到伤害，比较安全，还能达到运动健身、娱乐交流、祛病延年等目的，因此数百年来，一直广受欢迎。特别是近年来，随着人民物质生活水平的提高，人们对保健、养生日益关注，太极拳推手因其独特的技击实用性和养生保健功能很快风行中外，由闭门自守走向世界，相信今后演练太极拳和推手的人会越来越多。

## 三、演练推手应由浅入深



若练推手就要首先知道何为推手，其内容和含义是什么？练习推手应当遵循哪些原则？从字面上理解，推手有双方相互推按之意，是太极拳的独特竞技运动。通过推手对己彼功夫可以进行很好的检验。

拳论曰："由招熟而后懂劲"，"由懂劲而阶及神明"，这些论述不只是指走架子，推手也同样是这个道理。在开始演练时，相互要谦让，注意在周身放松的条件下以划弧和划圆为主，互相听劲，不可丢顶。待单手平圆和立圆熟练后再练习四正手，继而四隅手，循序渐进。推手中放松是原则，走化是基础。这些原则与基础须通过四正手和四隅手八门劲别的反复实践锻炼，达到周身触觉灵敏和肌肤能自然反应后，方能完全体会其中的奥秘，进而知彼、缓急、刚柔、进退等。此时皆可以皮肤、听觉来随时做出判断，从而巧妙地综合利用抓、拿、摔、化、打、跌等技击方法。但技击运用时有宽、窄两面之分，如能懂得跌法，运用巧妙自如，发击时可用窄面，即使击人于3米之外也无须用护具和地面设施来保护，被击者则毫无损伤，发击者的劲力轻重十分适宜，这些都在把握之中，方为巧妙。这些巧妙都是日积月累而来，特别是单人演练时，要视无人当有人，做到平心静气、专心致志，又得有心意、精神、气质、劲力、速度的紧密配合，时时处处以假设听劲为本，先粗后细，熟中生巧，切莫为练而练。否则，到头来汗没少出，气没少费，却一事无成。演练者在练习中持之以恒，不断提高，最后定能收到健身和技击双重效果。

## 四、推手的核心

推手的核心是沾、粘、连、随及缠丝劲。这也是它独创的中心内容。它以掤、捋、挤、按、采、挒、肘、靠、进、退、顾、盼、定13式为基础，以阴阳之理为理论根据。在推手时要求做到“刚柔相济”、“轻重兼备”、“快慢相兼”、“舍己从人”，以皮肤感觉对方劲别的轻重、快慢、虚实、长短和动向，然后忽快、忽慢、忽进、忽退、忽左、忽右、忽高、忽低、忽开、忽合、忽蓄、忽发。随着富有弹性和韧性的内劲灵活变化，运用弹性和摩擦力的牵引作用，发挥“引进落空”、“乘势借力”、“以轻制重”的技巧，掌握“动急则急应”、“动缓则缓随”、“彼不动，己不动；彼微动，己先动”的战略战术。牵动对方重心，“以轻制重”，“以实破虚”地发劲于对方，做到沉着松劲，专注一方，发劲才能干脆利落。

太极拳推手创始人陈王廷在《拳经总歌》（又名《打手歌》）中说：“掤捋挤按须认真，上下相随人难侵，任人巨力来打我，四两化劲拨千斤。”这是解释双方诸靠、引进落空和掤、捋、挤、按四正手为基本的功夫原则。到了第14代，太极名家陈长兴又曰：“纵放屈伸人莫知，诸靠缠绕我皆依，上拢下提君须记，扳挒横采也难敌，逼压推打得进步，闪惊巧取有谁知，蒙头盖面天下有，攒心杂肋世间稀。”这是解释听劲、惊闪劲和四隅手的运用方法。这些拳论言简意赅，历史上广泛传抄，成为近代人们演练太极拳和推手的主要指导理论。

拳论又曰：“一阴九阳根头棍，二阴八阳是散手，三阴七阳犹觉硬，四阴六阳类好手，唯有五阴并五阳，阴阳不偏称妙手，妙手一运一太极，太极一运化乌有。”拳论对五层推手功夫，在各个阶段如何练习，阴阳的分成比例都讲得非常明白。但是，太极拳推手作为一门高深的科学是永无止境的，还需要我们进一步努力研究、不断探索、精益求精。为继承和发扬中华文化遗产太极拳推手，望广大太极拳爱好者，共同来研究、探讨，向科学深度进军，向前人未达到的高峰攀登。

## 五、演练太极拳的三个阶段与推手的关系

关于演练太极拳的三个阶段，拙著《陈式太极拳老架》第二章陈式太极拳三三原理中已有详细论述，读者可以参看。它主要指初学者

招熟阶段以形带气明劲训练、懂劲阶段以气催形暗劲训练、神明阶段形神兼备灵劲训练三个阶段。在太极拳推手训练中，同样也存在三个阶段、三种方法，即“一阴九阳根头棍至二阴八阳是散手”阶段大圈的演练方法、“三阴七阳犹觉硬至四阴六阳类好手”阶段中圈的演练方法和“五阴五阳称妙手”阶段小圈甚至无圈的演练方法。

太极拳演练中存在的招熟、懂劲、神明三个阶段与太极拳推手的大圈、中圈、小圈乃至无圈训练方法是相互关联、相辅相成的。也就是说，在招熟阶段以形带气明劲训练与推手中的大圈训练相结合；懂劲阶段，以气催形暗劲训练与推手中的中圈训练相结合；神明阶段，内外兼修灵劲训练与推手中的小圈乃至无圈训练相结合。在不同的阶段，采用不同的方法，使太极拳的各种劲别与推手中的大、中、小圈（无圈是指精微、巧妙之意，并非彻底静止）训练方法有机结合起来，才能循序渐进、刻苦琢磨，继而达到形神兼备的神明阶段。练到了这个程度，动作已经非常活顺，内气十分充足，周身十分空灵，内有虚实变化无端，外有松活弹抖蓄发相变，周身上下无处不是手，与人交手，“挨着何处何处击，我也不知玄中玄。”练到此时才是五阴五阳，阴阳相当，不偏不倚，达到练神还虚之界。但这并非高不可攀，古人云：“拳如逆水行舟，不进则退也”。

## 六、推手是检验太极拳功夫的唯一标准

推手是检验拳势与实际用法好坏的简便方法，也是检验练拳功夫深浅程度的唯一标准。

练拳是单独长功夫的知己阶段，而推手可以知彼，是两人的对抗性运动。看起来很简单，实际上不但需要保持平衡，而且还需要功与

力的密切配合。没有功与力就谈不上发挥巧的作用，但这也不是顶牛拼体力，而是在双方推手着力的情况下，自己的功力根据对方尺度达到一定水准即可。在双方力量相持的情况下，柔化能破千斤，谓之“无力打有力，四两拨千斤”。但千斤也可胜小力，二者是相互辩证的关系，需要在实践中去研究。在体会对方的劲路和如何控制好自己的重心上多下功夫。推手时，一是观察对方的形态和角度，二是触感对方劲力的大小、速度变化，而平衡分析可感知并控制好自己的重心。只有弄清彼的变化情况，才能即刻采取相应的动作，克敌制胜。功夫达到较高境界时的推手，靠的是触觉高度灵敏，甚至是条件反射，瞬间打败对手。如果功夫能达到中圈、暗劲、四阴六阳类好手阶段时，无须再多此深虑。因为此时皮肤受到刺激后的自然条件反射，速度较快，似乎是未经思考的连锁反应，这些功夫都是在千锤百炼实践中得来的。

# 第二章

# 太极拳推手十大劲论

## 一、听劲论

听劲，是太极拳及推手中的专用术语，有双重之意，是耳听、眼观及周身肌肤触觉，觉察和心灵、神经系统的感知。至于感知灵敏度的高低，是由练拳和推手功夫的深浅所决定的。听劲大致可分如下三个阶段：一是骨感听之，二是皮感听之，三是毫感听之。何谓骨感？骨感是指初学者皮感不灵，待拿、挤、按受制时，才知自己已经被动，方才紧急应变。何谓皮感？皮感是以心意为统率，以沾、粘、连、随为根本，以肌肤为主导，在推手时，以肌肤感触觉察彼之左旋右转、上起下落及轻重变化。待拳练到相当高级阶段时，内气非常充足，能体现出周身空灵，周身各处皮感相当灵敏。此时与人交手，定是先由毫感传至皮感，在毫感传到皮感的一瞬间，已能做出极端灵敏准确的反应。所谓毫感，就是功夫达到五阴五阳（阴阳相等）的境界时，周身随心所欲而不逾矩，身心进入一片灵境、化境，那时毫毛皆空，一羽不能加，蝇虫不能落，人之劲初触我毫毛，我之劲已入彼之骨髓，所以人不知我，我独知人，英雄所向无敌。

现在由于各种自然条件所限，下功夫练拳缺乏幽静之处，意念不能高度集中，所以影响听劲灵感，一般学者只有骨感，少数才能达到皮感程度。

听劲是千变万化的，全凭皮毛的神经感知判断，实非易练之功。故在未练听劲之前，应先练沾粘劲，若不懂沾粘劲，则不能听劲，不能听劲，则不能懂劲。犹如聋哑人听人说话，耳不能听之，则不能解他人之意。故欲懂劲非先听劲不可，听劲除必须符合太极拳的“快、慢、沉、稳、虚、实、开、合”八字要诀外，还必须严格遵守“沾、粘、连、随”这一推手“四要”。其关键在于快慢相兼，气沉步稳，虚实分明，内外相合，连绵不断。周身关节处处开张，而不能有丝毫拙劲呆力，只有这样长期锻炼下去，使周身神经日感敏锐，才能达到微感灵知地步。正如《孙子兵法》所云：“神乎神乎，至于无形，微乎微乎，至于无声，故能制强敌于死命。”达到那种高智能境界，那种神明超妙的形神奥妙，是不言而喻的。反之，横气填胸，血气上浮，周身肌肉僵硬，则必然反应迟钝，敌之来劲听不真切，判断不准，甚至视而不知，听而不觉，及至势危，方才慌忙应战，盲目攻守，导致失败，故学者不可不详察焉。

## 二、懂劲论

懂劲，是太极拳推手中必须弄懂的关键问题。所谓懂劲，就是在运动中能够辨别出对方劲的虚实、刚柔、快慢、长短、缓急、方向、曲直、大小、落点以及可能的变化，并且能够把握好节奏、时机，使引、化、拿、发恰到好处，克敌制胜。

懂劲，是建立在听劲基础上的，能听出彼劲，才能懂劲，如不能听出彼劲，即不能懂劲。所以初学者对于懂劲甚感困难，一时难以做到，只有经过相当一段时间勤学苦练和细心揣摩，并有名师给予指点，才能逐步悟到懂劲。所以说在未能懂劲之前，推手就容易犯僵、直、丢、顶之病。待懂劲后，在推手中又会犯争强好胜之弊，此时要注意克服训练中常见的35病，即：抽、拔、遮、架、磕、猛、躲、闪、侵、凌、斩、搂、搓、欺、压、挂、离、赚、拨、推、混、硬、排、挡、挺、霸、腾、击、直、实、钩、按、掤、抵、滚。否则，即使侥幸取胜，也并非真正达到了懂劲阶段。

所谓病，是在推手中脱离了中正圆活，背离了沾、粘、连、随之原则，故曰病手、病身。

懂劲也是对推手及练拳的方位、角度及功夫好坏的大检验，练拳时前进、后退、左顾、右盼、中定及推手中的掤、捋、挤、按、采、挒、肘、靠八种方法和劲别，能否在交手中运用自如，在推手中能否做到沾、粘、连、随，搭手便知其拳艺和功夫如何。所以说招式是方法、途径，八法是手段。通过这些方法、途径及手段，目的是归结到抓、拿、摔、化、打、腾、闪、折、空、活，兼施并用，而不仅仅局限于一个"打"字。

中华武术门类繁多，无一不独具自己的特色和风格。太极拳是其中的重要门派之一，所以懂劲不能只限于推手，和其他武术一样，同样适用于自由搏击和交手散打，这才是太极拳的真正面目和实用价值。推手是以沾、粘、连、随懂劲为准则的实战训练形式，散打交手也同样不能离开上述四字的懂劲原则，无非散打是技艺升华到相当阶段后，摆脱推手这一训练形式，而成为实战交手散打这一实用形态罢了。但它还必须合乎规矩绳墨，这就是太极拳推手及散手的辩证统一关系。有些人不了解太极拳，把太极拳看成是女子健身，老弱病残及文人、书生疗病消遣的无实战用处的体操，那是十分错误的。

陈氏第14代著名太极拳家陈长兴在《太极拳歌诀》中云:“纵放屈伸人莫知,诸靠缠绕我皆依,劈打推压得进步,扳挒横采也难敌,钩掤逼拦人人晓,闪惊取巧有谁知!”这首歌明确指出,“纵”是前进之意,“放”是打击之意,“屈”是合之意,“伸”是展之意。这就是说,无论在前进击打,或屈合开展时都应做到知己知彼,随心所欲,人不知我,我独知人,此即有沾、粘、连、随,听劲懂劲之意。第二句是说双方互靠缠绕时即以连随应之,这里的“依”就是随从,舍己从人之意。第三、四、五句都是太极拳散手用法,所以从歌诀中就可以看到太极拳不是单纯的推手,而是推散兼宜的博大精深的实用武术。正如前面所述,推手是训练前期为了避免伤害事故而采取的实战训练方式,交手散打是实战搏击的运用形态。只是由于历史的发展和时代的前进,先进的武器出现后,武术相应演变成了技击体育。由于现代科学技术的发展,人们对太极拳有了较深的认识,为了健身、防身、自卫,在推手四要和懂劲基础上,对太极散手也进行了同步练习。只有这样,既懂得推手,也懂得散手,才是太极拳的真谛。

常言道:“多练能生巧”,“苦学入灵境”,要想真正达到懂劲,除了名师的指点,还需与对方切磋,但最主要的还是要靠自己多下功夫。陈鑫在《太极拳论》中说:“由招熟而渐悟懂劲,由懂劲到阶及神明。”这说明首先要练习招法,达到招熟能生巧以后,才能渐渐明白各种劲的运动规律,懂得了各种劲的运动规律,才能愈练愈精,从而达到运用自如的地步。这说明招熟——懂劲——神明是三个阶段,懂劲只是中级阶段,只有达到神明阶段后,无论是身体哪一个部位,一经与他人肌肤毫毛接触,就敏锐地觉察对方劲路的来龙去脉,轻重虚实,刚柔顺逆,直横方圆,高低左右等变化,并沾着对方使之不能逃脱,在得机得势的条件下顺人之势,化人之劲,借人之力,还力于人,使自己在运动中始终居于主动地位。演练者一定要循规蹈矩，不急不躁，由招熟而懂劲，至于阶及神明，那是穷毕生精力，炉火纯青，登峰造极之事了。

## 三、沾粘劲论

沾粘劲是陈式太极拳推手中最基本的劲别。其劲主前进，是经过长期苦练缠丝功夫达到一定程度后，在推手中的外在沾粘表现（所谓外在表现是指由内形于外，达于肌肤毫毛的知感）。所以说练拳是知己功夫，推手是知彼功夫，只有知彼知己，才能百战百胜。换言之，就是缠丝劲的沾粘相随达到使对方无法脱身的高精度功夫，就能百战百胜。故曰：练拳是培养沾粘的基础，推手是对沾粘功夫的检验。

所谓“沾”，是在推手中如胶似漆地沾住对方，即用缠丝劲缠住对方，使其不能逃脱，亦有主进之意。

所谓“粘”，即有撵逼、随从之意，使其不能脱身离去。沾粘是以沾为主导的，不能沾，就不能粘，只有沾劲由内形于外，并布满全身，在推手时才能紧紧沾粘住对方，随彼动而动，“舍己从人”，“彼不动，己不动；彼微动，己先动”，后发先至，后发制人，体现“动急则急应，动缓则缓随”，沾粘不离，周身才无破绽。只有粘住对方，推手时才能使对方无机可乘，无懈可击，收到己顺人背的效果。

沾粘劲对初学者来说是不易明白的，甚至练拳多年的人在实践上也并非完全明白此劲。因初学者周身僵硬，筋骨、肌肉、关节都不松活，犹如木棍一根，即使久练者如无纯厚功夫，也不能达到沾粘程度。只有在理论上弄明白道理，并在实践上掌握具体方法之后，再多下功夫细心研练，才会渐懂此劲。始于手，然后而臂、而肩、而背直至周身，先有感觉而后有此劲生成。有知感而渐生沾粘，有沾粘而再下一番功夫可产生吸感。故与人推手时，搭手即可知对方沾粘圆圈面积和化劲功夫的高低。瞬间即有胜败定论，这才是高级阶段。但具有一般功夫的人是不易做到这一点的，必须通过名师指点，加上自己多下功夫苦练，方可逐渐掌握，由不知而渐知，由生疏而渐熟，由熟而巧而精。

## 四、连随劲论

“连随”离不开“沾粘”。连随是在沾粘的基础上紧紧顺随着对方，使之不能摆脱。“沾、粘、连、随”四字相互依存，缺一不可，只有在沾粘的基础上做好连随不断，才能天衣无缝，与人交手时使对方无隙可乘，然后可随时引进落空，化空打人，得机制敌。

连建立在“沾”的基础上，只有沾住对方，才能连，否则如沾不住对方，让其滑脱走化，就谈不上连。连是不断之意，在推手中紧紧连着对方，不丢不顶，动急则急应，动缓则缓随，使敌无法逃脱走化。这就是将己动有意识地与彼动相互连接在一起，此起彼伏，此伏彼起，连绵不断，并借机探窥对方沾粘程度和劲别。

随是建立在连的基础上的，推手时如不能与对方连贯，如何能随！随是彼走我应、我顺、我跟。在推手时随从彼动，缓急相随，进退相依，只要与对方搭手，就不能使其逃脱，无论对方如何企图摆脱，都要紧紧顺势跟随彼动，沾粘不离，不丢不顶，此时正是窥隙乘机战胜对方的大好时机。所以说：“连、随”是诱敌陷入被动局面的手段，连与随不可分割，无论行功练拳和推手，都要重视二者的结合。

初学者在推手时只能做到一般的连随，那只是随彼动的一面。真正做到“连随”住对方，使其不能逃脱或出手击我，主要还是看自己周身上下内劲相连相随如何，能否达到标准和预期目的。拳论曰：“上欲动而下自随之，下欲动而上自领之，上下动而中部应之，中部动而上下和之，内外相随，前后相依，能一气贯通者，其活为贵。”总而言之，这里说的是自我连随，周身一家。只有做到自身主观上的自我连随，周身一家，才能做到与敌交手中的客观连随，顺随敌劲，连绵不断。

## 五、引化劲论

引，即牵引之意也，是在推手或散手搏击运动中引动彼劲，是有意诱敌深入。引劲实为引化劲，无引则不能化，不化则无所谓引，所以引与化二者是相辅相成的，都是建立在沾、粘的基础上，将对方的劲纳入自己的轨道上来，使敌千钧之力化为乌有，我在引进落空的基础上同时发劲，即化即打，从而取胜。

引化应做到不丢不顶，随着对彼劲变化的感知，自己无论前进、后退、向左、向右、向上、向下，无形无迹，舍己从人，顺随彼劲，沾粘连随，使彼劲陷入被动局面，然后用肩、肘、胯、膝、手、足，或拿、或打，任我发落，此时彼即落空失势。

陈鑫曰“引进落空合击出”，这是讲在运动中如何将彼引化到落空而发挥不出威力的境地，而我在引化过程中劲已合好，蓄而待发，随时都可以从任何角度、方位，恰到好处地弹抖出来。例如：对方双手按住我右臂，我即走下弧线顺缠，渐而向上引，将其劲化空，在引的过程中，身则下蹲，继而右脚插入彼裆，背先内旋而后向外击之。这样的引化技击方法甚多，演练时可根据招式变化，练习单式，反复练习，认真揣摩，熟透于心，娴悉于手，才能接敌交手，出手即太极，一运一方圆。神鬼莫测，变化多端，四两拨千斤，人不知我，我独知人，所向无敌。陈长兴云“滚拴搭扫，闪惊取巧，声东击西”，都不外乎诱敌落空，化劲制敌。但凡交手引劲时，劲必须合好。陈鑫曰“蓄劲如开弓，出劲如放箭”，这就是说，发人要想干脆利落，那么蓄劲的弓拉得越满，劲引得越空，化得越净，箭就放得愈远愈有力。在练习推手和散手时，先学习引、化、蓄之劲，渐而才能达到蓄发相兼的更高境界。

## 六、拿劲论

所谓拿劲，就是用手拿住对方臂、肘、腕、指关节处，使之进入死角，不能转动关节而有筋断骨折之感，痛彻肺腑骨髓，因而被制服，此为拿劲，也可以叫做“拿法”。虽各门各派对此都有各自独到的研究，但太极拳对此研究得更为精细。无须大身法及反关节去拿对方，只需略使小巧合力，彼即受制，此为拿合兼用。只有拿与抓、摔、化、打并用，才能较为全面地发挥太极武术的神威。所以“拿”在推手中的运用也是十分重要的，决不可等闲视之。如在推手中忽视拿法，就等于削弱了太极拳的技击功能。在推手中，沾、粘、连、随、抓、拿、摔、化是打的先决条件，都是围绕“打”为目的的。俗话说“凡拿必打，欲打先拿”，就是这个道理。只有各种手段兼施并用，才能在推手时使对方陷于被动局面，击打才能达到预期目的。故曰“拿”是“打”的前提。

只有运用灵巧的手法将对方拿住，使其不能逃脱与走化，“打”才能不加思索，左右逢源。在应用拿法时，出手要轻灵活巧，使对方在不知不觉中被擒，才算《孙子兵法》所说的“善之善者”。所谓轻灵活巧是指在欲拿时手上不可持力，接缠彼手应轻灵随顺，待敌觉察，已由轻变重，不能走化逃脱了。拿法应顺逆交替应用，只有根据对方的变化灵活掌握，随机应变，才能奏效。如果出手时未能轻灵，彼知我劲后则逃之，我应在彼逃之时迎上再向彼靠拢，在彼手将要抽走时，急速复拿也还可以成功。这些补救措施，仍不外乎沾、粘、连、随和手法上的轻灵巧变，对此切不可忽视。

在拿法的使用上，还必须注意周身放松下沉与拿法相配合，千万不能因使用拿法使气往上浮，脚下拔根。气若上浮，根基自然不稳，重心不稳则自身难保，何以拿人？所以，欲拿人时，周身关节非处处放松不可。若能放松，胸即自然含合，两肋也自然下束，并与裆扣肩合，周身上下处处皆能呼应。说松周身上下无有不松，说合四肢百骸无处不合，这样才能做到一静周身上下无有不静，一动全身上下随之俱动。说拿内外合一，由轻转重，力点清晰，犹如子弹出膛，螺旋直进，手无虚发，一拿即中。



拿与采应相合。拿、采的范围一般应是两臂、胸前、腹部、肩三角肌凸凹处和两肋处等。这些部位一般在对方用掌向前按时和被拿时向前挤进。彼如能向前挤进，则是由于我在拿时前掤劲不足之故。虽彼向前挤进，我照样拿之，我由拿变捋，先将彼挤劲引空，我左手缠绕住彼右臂，同时，双手盖于对方右手腕部，急速与胸二劲合一，拿采并用，在劲力上可比单纯拿劲增加一倍之多，故一拿彼必被降服。

拿法的种类甚多，无论是手与胸拿，手与肋拿，手与腹拿，手与腿拿，双手合拿等，都须运用适当，切不可在练拿法时轻易伤人。特别是初学者，对拿法的速度、轻重、手法、角度的掌握均无分寸，更觉察不准对方关节处所承受的力量大小，所以出手时就容易出现伤害事故。这是演练者双方在相互对练中一个很值得注意的十分重要的问题。歌诀曰：

初拿不可太鲁莽，由生到熟记心上。
合裆实腹须含胸，束肋扣肩随腰动。
拿闭兼施听劲路，欲拿周身节节松。
合劲力点须清晰，灵活机巧全在功。

## 七、开合劲论

所谓开，是伸放开展之意；所谓合，是引、蓄、化、屈、收之意。所谓开合，即是太极拳中的一阴一阳，一刚一柔，一蓄一发的概称。开与合是对立的，又是统一的，是相辅相成的。如欲开必先合，有合则才能开。开与合概括了太极劲这个统一体中的两个方面。开合劲是引发双重之意，它无论在练习套路、推手、散打中处处皆用，因为套路和推手，一动周身各部位都处在一开一合之中，所以对开合要有足够的认识。陈鑫曰："动静循环，岂有向哉！吾所谓一动一静，一开一合，足尽拳中之妙。""一开一合妙无微，上下四旁成化机。纵有六子俱巧舌，也难描绘雪花飞。""一开一合，变化无常，虚实兼备，忽现忽藏"的过程，都是形容周身开合的精论。而且有很多哲理存在其中，用无论多么巧妙的语言描述，也难以穷尽奥妙，真可谓只可意会不可言传。故陈鑫用"纵然六子俱巧舌，也难描绘雪花飞"来概括，其含义是何等的深刻啊！即使是历代的圣哲和语言大师，如孔子、孟子、老子、庄子等，他们也难用语言表达和描述太极拳开合中的微妙和美景。只有自己狠下功夫练习，在实践中去仔细体会方可明白。

开合首先是建立在合的基础上。欲开必须先合，只有合得好，才能开得有力，并迅猛透彻。合得不好，则开得无力、生硬，速度也不快。故未开非先合好不行。合，不是单纯的上肢曲缩，是心、意、气、形、神一起合住。心意一合，四肢百骸，肌肉、精神无一处不合。犹如卷炮一样，炮卷得愈紧，爆炸时声音越大，这和发劲是一个道理。劲蓄（合）得好，发劲时就自然、刚猛、迅速、有力。发劲时要注意，心是主导，是统率，心意一开，周身上下无不俱开，这样才能心到意至，意往形催，气随劲达，发劲击敌才能落点清晰，无坚不摧。只有以意统率走架及推手中的开合之劲，才能周身之气无所不达，并且英气浩然。

开劲，劲先由脚跟而起，脚在蹬地时，五趾和脚掌要抓住地，脚后跟随之用力，使脚心桥空，脚心涌泉穴要虚，这样在蹬地向上冲时，才能借助大地的反弹力，发劲才能威力无比，下盘稳固，动作才能天机灵应。发劲后则周身恢复松柔稳固状态。发劲时脚内侧为主为实，外侧为副为虚，继而内劲上行于腿，贯于腰，然后达于梢节。发开劲时，要在适宜范围内，因开劲是周身之劲，刚猛迅速，节奏短促，打击目标距离不宜太远。远则非但不能及敌之身，反而自我落空失势，致敌乘我之隙，击我之虚。为了使合劲有圆活紧凑，引进落空之效，合劲时须沉肩坠肘，含胸塌腰，气贴脊背，发劲是一呼一吸一瞬间，切莫迟疑蚩滞，滞则气柔劲散，发击无力。



## 八、发劲论

发劲和抖劲的关系是一个概念中大概念和小概念的关系。发劲包括长劲和短劲，抖劲只是短劲，又称寸劲。它们都是在周身松沉蓄劲后产生的爆发劲。发劲、弹抖劲均起于脚跟，行于腿，主宰于腰，达于四梢。

发劲是经过长期练拳和推手实践练出来的一种灵活集中、运用自如的弹性劲。要练出这样的弹性劲，不仅要注意到周身肌肉松弛与收缩的锻炼，而且更要重视感觉灵敏和反应速度训练，同时十分强调运用正确的技术，合理发挥肌肉的力量。所谓“用意不用力”，这里是指不用紧张的僵力、笨力和呆力。在练习推手时，必须明辨内力和外力的作用，揣摩和研究它们之间的相互关系。人们的外力，主要是重力。重力是地心引力，人的体重是由于地球的吸引力而使身体受到的力。此外，还有支撑力及反作用力、摩擦力、惯性力、螺旋力、直力、横力等。推手时对方所进之力属外力，如果自己的引化劲达不到随心所欲的程度，那么你就无法走化、利用、分解和消化外力。此时彼此双方的外力都相互影响着各自的内劲，并在内力合劲相争的情况下，胜负取决于各自的内劲大小、灵敏度以及发挥的好坏。否则，即使取胜，把对方击倒，也相当勉强，只是拖泥带水而已，难以达到斩钉截铁的刚、猛、冷、脆，一哼一哈，内劲抖发而胜负立判。这与平时培养先天元气，周身气劲浩然流行是有密切关系的。只有平时多下功夫，内劲充实，在发劲时双足抓地，借用大地的反弹力，五脏六腑，四肢百骸合为一家，劲专注一方，与人交手时弹抖发劲才能如摧枯拉朽，势不可挡，决无拖泥带水现象。

化、蓄是发劲的前提，所谓化、蓄是欲击人之意，击人不化而发劲生硬，化而不蓄则发劲无力，故三者紧密关联，缺一不可。化与蓄是相辅相成的，化中含蓄，蓄中有发，方可化蓄发一条龙。但发劲一定练得非常熟练、灵活、协调，经常在周身放长的情况下，练习长劲和弹抖的短劲。如：在打上挑肘时，身体要形成上下对拉之势，前面以肚脐，背以命门为界限，在发肘的一侧，肚脐命门以下气向下行，肚脐命门以上气则上行，另一侧气向下行，为发击一侧发挥好辅助作用。只有这样，发劲时才能保持下盘稳固和发击力点清晰、准确，发劲才能迅猛疾速。只有把握好发劲的关键，才能在一吸一呼、一开一合的瞬间，达到向预期目标发劲之目的。

长劲虽然迅疾猛烈，但其属“三阴七阳尤觉硬”和“四阴六阳类好手”的过渡阶段，虽发击勇猛逼人，但却不可取。这也是由中级向高级阶段过渡的必经之路。所以说没有远打一丈，就没有近打一寸。这远打一丈，让人观之也可算得高艺，但发击时生猛激烈，是以迅猛疾速取人，并非十分干净利落，故曰此功夫只是向高级阶段弹抖寸劲的过渡。在以上水准的基础上，再刻苦研练，就可迈入高层次境界。那时发击全在用心意巧发，心意一动，自然弹抖，周身协调一致，上下形成一个合劲，处处皆是自然反应。如果发击对方，只要弹抖一震，就能以迅雷不及掩耳之势，使对方腾跳躲避不及，飞掷而出，此则为玄妙的上乘功夫。初学者可根据发劲的要点及要求，由大圈而中圈，由中圈而小圈，再由小圈到圆点，由慢而快，由快而速，由速到疾，直至自然反射弹抖。循序研练，探讨攀登，逐步登堂入室，炉火纯青，登峰造极，进入化境。



## 九、提劲论

所谓提，即用螺旋劲向上提拔之意。在沾、粘、连、随基础上，以螺旋缠劲将对方重心掀起，使彼拔根失重，为我所制。提劲须与惊弹劲兼施并用，方能克敌制胜。用提劲时，步法须轻灵，以不易被对方察觉为妙。若对方知我劲，欲逃脱，就不易使用提劲，否则勉强提劲则有失控之危。

著名太极拳家陈长兴曰:“上拢下提君须记，闪惊巧取有谁知。”这句话说明在推手时无论用何招法，在使用招法之前，都不能让对方对我劲有任何觉察。上步出手要轻灵，随彼动而动，然后随彼动而引之变招，待彼欲有觉察时，重心已被掀起、倾斜，无法挽回。这样才能达到上拢下提、闪惊巧取之目的。

提劲是腿、腰、臂三劲合一同时上提的，在上腿时，另一腿一定要稳固好重心，将出之腿才能轻灵地向前迈出，插于对方一腿内侧，闪惊螺旋向外上提，在欲提时先破坏对方重心，然后小臂随腰同时螺旋上提(破坏对方重心是在闪惊的同时完成的)。此时彼如不失重心，上部一臂已被我掀起，身拔助长，彼已完全处于失控之势，我再急速改变劲路，向下捋加采，使其倾扑于地。总之，要想使用提法，须得周身上下一致，出其不意，乘其不备，腿腰并进，手脚齐发，螺旋上提。但在运用时必须注意：顶劲领起，心神凝聚，目视神往，丹田翻转，气贴脊背，轻松提搭，闪电出击，稳准冷脆。还应注意：我守我疆，莫要失界。胜败无谓，不可失势。艺高胆大，勇敢善战，顺者随从，逆者折之。出手犹如蛟龙腾空，投足定叫神鬼震惊，与人交手有正无偏，滚、拴、搭、扫随机应变，或卷或提，或进或退，眼观六路，耳听八方，出手神速，先占地利。如此方能使敌如履球上，动辄失重，动辄拔根，动辄颠扑。初学者可根据基本原则循序渐进，不可开始学习就打人，要多下功夫演练，功到自然成。



## 十、缠丝劲论

太极拳缠丝劲，是呈螺旋形，始于内、形于外的一种劲别。螺旋劲始于内而形于外，然后达于肌肤毫毛之上。此劲是因平时练习太极拳皆以螺旋缠丝旋转为核心所得到的。始而不觉，久而渐现，其劲始于脚、行于腿，通脊背，越两小臂达于梢节。日复一日，年复一年，久之则能形成自然规律，举手投足无须再加思考，则自然能随心所欲，渐阶神明。故与人交手时，此劲能自然行于肌肤毫毛之上，顺而引之，逆而击之，敌来化之，即化即打，纯是心起劲达，而不知身之为己，己之为身，不知威力从何而来。如明白此劲，并转化为实际能力，非下很大功夫不可。必须在实践中不断地揣摩、体会，才能渐而知之。缠丝劲的类别有内缠、外缠、上缠、下缠、左缠、右缠、大缠、小缠、顺缠、逆缠、进缠、退缠、正缠、侧缠、平缠、立缠，百般缠绕，环环相扣，端端互生。总之，是以中气贯于其间。而引即是进，进即是引，此皆是阴阳循环，正反转化的道理。缠丝劲是周身上下内外一动皆以螺旋形旋转，始发于内、后形于外的内劲。此劲既不可太柔，也不可太刚。过柔，则不适应于交手作战，纯属软手，软手则不能接物应敌；过刚，则转动不灵，死板呆滞，不能随机应变，徒受敌制。所以，应择其中而已，即刚柔相济，虚实相兼。其周身规矩，顶劲领起，脖项自然悬直，腰劲下塌，平心静气，两腿虚实分明，周身开中寓合，合中寓开，支撑八面。行功练拳，静若处女，注内不注外，切不可外带张狂之气。表面观之应是一片悠闲神情，大雅风范。至于接手应变如何，权衡皆本于心，拳来顺应自然，进退、缓急、轻重，则随机应变，本着太极阴阳对称，不偏不倚之理，一开一合自有妙用，何须再论招势。

缠丝劲表现在太极拳套路演练中的形象，是一个立体空间螺旋形（亦称弧形）缠丝运动路线图。若从单招看来，因中间有间断，似乎不算复杂；若从太极起式到太极收式的完整路线图来看，那是无始无终，无端无倪，相互穿插，相互交错，如丝缕，如云烟，袅袅娜娜，氤氲氤氲，仪态万千，千象共生。这个惟妙惟肖的立体空间螺旋缠丝路线图，太和元气缠丝劲贯穿其始终并鼓荡不已，如兵家的天门阵、八阵图，扑朔迷离，这才是真正的太极图。我们通常所见到的用阴阳二鱼所表达的太极图，只不过是古人对太极阴阳相等、对立统一、阴阳互依、阴中有阳、阳中有阴的太极哲理的抽象理性概括罢了。这个立体空间螺旋缠丝路线图，才真正提示和表达了缠丝劲的奥妙。

# 第三章 单式训练法

## 一、单式训练简介

单式训练是练习好技击实用功夫的必修课。常言道“一路养气，二路爆发”，也就是说练一路拳时通过长期的松柔演练，达到养中气、鼓荡于皮的目的，但有欠速缺刚之病，演练二路拳是为了弥补一路拳的不足。单式训练可以有效地强化二路拳乃至整个太极拳训练中的刚猛之劲，提高实战技巧。掤、捋、挤、按、采、挒、肘、靠、踢、打、摔、化、拿，皆需单式演练，为太极拳推手训练打下基础。

单式训练开始之前，演练者要有一定的拳术基础，注意周身节节放松。演练者由初级阶段过渡到中级阶段、高级阶段必须经过单式训练这个刻苦训练长功夫的重要过程。常人皆知，练拳是在套路的特殊要求条件下，劲达四梢，气布周身，过三关，通三田，达涌泉。继而做到身法活便，手脚灵敏，步法轻捷。交手是实战功夫的一种表现，必须练好进、退、闪、战、发击，做到变化无穷，使彼捉摸不着我劲，手足无措，以迅雷不及掩耳之势取胜为妙。欲达到这样的微妙程度，不练习单式是不行的，即需把各个动作及周身的各个击发关键部位抽出来反复练习，反复实践，从中体会和掌握各式的妙用及要领，在交手时才不易犯丢顶之病，达到不加思索，运用自如，才能在意念的指导下，充分体现出功与力的自然反应。历代著名拳师（无论是内外家）都有自己的独到之处和独特技击之处，他们的独特技击之长都是从千锤百炼之中反复实践总结出来的经验。如山东李半天之腿、鹰爪王之拿、千跌张之跌，以及八卦掌董海川的半步崩打天下。陈发科搭手便知彼我，哈哈一笑胜负分晓。陈照奎惊闪、反弹运用圈极小，擒拿劲路无处不巧。陈照丕善用滚、拴、搭、扫，交手时使敌如立顽石，使彼不由自主地东摇西晃，一肘击之，彼离地数尺，或跌桌下，或跌旮旯，次次有正无偏，不痛不痒，自感神妙。冯志强稳重捷桩，松活弹抖，威力浩荡，随势飞扬，无处不强。

以上古今名家，各有其长，这些独到之处都是血汗和苦练的结晶，也是重视单式训练的结果。

古人云："拳打万遍，神理自现"、"千遍万遍多多练，功到熟时巧自生"、"练啥有啥，不练没啥"。这就明确指出，平时勤奋，或肩、或靠、或肘、或手、或腿、或胯必须遵循规矩，通过反复实践、演练，练到纯熟时才能顺其自然。否则，舍本逐末，积重难返，笨手笨脚，没有速度，不能完整一气，不能接手应物，更谈不上击人。故练习单式对演练者是十分重要的。演练者可根据下面介绍的周身各个单式训练法，逐式认真刻苦演练，久之定能收到明显效果。

## 二、脚的训练方法



脚的练习方法有左右循环、前踢脚、平踢脚、上踢脚、下踩脚、前蹬脚、侧踹脚、上摆脚、后挂脚、下摆脚等。

**动作**：左脚轻微抵地，屈膝下蹲，含胸、收腹、顶劲领起，另一条腿松胯，屈膝上提，眼视前方（图3.1）。

着重介绍前踢脚、平踢脚、上踢脚、下踩脚、前蹬脚、侧踹脚、上摆脚、后挂脚、下摆脚等。

图3.1

**（一）前踢脚**

前踢脚是用脚尖向正前方踢出，但也包含着左右侧踢，宜低不宜高。前踢时另一条腿微屈膝下蹲，五趾抓地，稳固好重心，这一条腿才能顺利地向前踢出。前踢时胸微含，小腹略内收，周身有蓄合之意，但前踢时脚面还需绷展，注意适可而止。腿宜松不宜紧，劲力才能顺利地达到脚尖所需处（图3.2）。初练时宜慢不宜快，最后达到意、气、形三者合一，迅猛无比，劲力完整一气，力点清晰。

图3.2

注意：这种用法主要用于脚尖和脚掌两侧（前踢含有侧踢之意，图3.3）。

**（二）平踢脚**

平踢脚的要领和前踢脚基本相同，只是踢出的脚高些，最好指向对方的阴部及小腹，可左右轮换前踢，在具体演练时要注重效果，两腿替换，一高一低。如右腿前踢，待落地时，左脚继而上踢，这样左右循环练习方为合适。但应注意，

图3.3

平踢落地时有踢蹦之妙用（力点在脚面或脚尖，图 3.4、图 3.5）。

图3.4

图3.5

### （三）上踢脚

上踢脚的位置较高，它的指向一般是下颏部位。上踢时周身必须保持平衡中正，脚在上起时轻灵，速度要快。只有快、猛才能做到起脚利落，力点清晰（图3.6）。应注意，脚在上起时，上踢可与手合拍。这和套路中的“二起脚”相同，只是不跳跃而已，左右替换，一上一下（图 3.7）。

### （四）下踩脚

所谓下踩脚，是用脚底向下直踩之意。下踩脚的具体训练方法是：

其一，两脚站立与肩同宽，如重心走下弧线移于左腿，此时左腿微屈，脚五趾轻轻抓地。然后右膝渐而提起（图 3.8），在提膝时应注意含胸、收腹、塌

图3.6

图3.7

图3.8

腰，左腿才能稳固好独立步。继而右脚向下直踩，宽度和原来提起时相同。下踩时右拳与左腕相合，置于胸前，脚五趾抓地，涌泉要空，劲宜速宜猛。但右脚在下踩时，重心不能完全移于右腿，做到“左重则左虚，右重则右渺”。

其二，上步下踩脚，无论哪一条腿先前上，另一条腿紧跟前上，疾速下踩，要点同前，左右轮换皆同（图3.9）。

图3.9

### （五）前蹬脚

用脚掌向前直蹬，为前蹬脚。在单式练习时，左右循环上步，连续出脚（图3.10）。至于高度，一般来讲是指对方胸腹部位。蹬的远近，可根据本人自身条件而定。最好是以自己的腿伸出能及对方，然后自动弹收25°比较适宜。着力点以脚后跟为主，脚掌为辅。切记前蹬时身体保持中正，不可过于后仰，否则有失重之危。出脚前要求做到含胸、束肋，小腹略内收，蹬脚后要舒胸、松腹，蹬脚才能做到快、猛、脆。始而勉强，久而自然。应用时的远近尺度，只要功夫下到，便可掌握，在平时练习之中，无须多虑（图3.11）。

图3.10

图3.11

### （六）侧踹脚

侧踹脚的指向可归为二种：一种是内踹（图3.12），另一种是外踹（图3.13）。内踹脚的方位是所出的一脚内侧斜前上踹，着力点以脚内侧为主，外侧为辅。外踹脚的方位是所出的一脚向前外上侧踹，着力点以脚外侧为主，内侧为辅。左右侧踹时腿的弯曲度为25°左右。至于身法，在侧踹时略后仰，并把身体后仰与踹脚有机地结合起来，使身体后仰与侧踹形成对拉之势，才能保持下盘稳固，达到曲中求直之目的。此所谓曲中有直，直中有仰，一木独立稳千斤。方法是周身先蓄而后开。《拳论》云："蓄劲如开弓，发劲如放箭"，这就是比喻劲蓄得好，踹出的脚才能疾速有力。

图3.12

图3.13

### （七）上摆脚

在一脚欲上摆之前，两脚的位置是一前一后，欲摆腿在后，另一腿在前，要屈膝微下蹲，五趾抓地，将周身肌肉松弛下来。内气下降，然后形成欲攻待发之势，眼睛斜视欲摆腿的一侧。然后出脚先向前上快速踢起，继而在空中改变方向，向身后侧扇形外摆（图3.14）。

图3.14

在外摆时，待脚行到肩前上方时与

双手构成合劲合拍，此二劲合为一股劲，决不可视为二，拍击才能完整一气。摆脚的方法，是先蓄而后起，欲摆时步法是跟步，步形是点脚。演练者可根据步法、步形进行反复练习。也就是把脚跟变成活步，上一步再跟一步。只有先把步法练灵活，对距离较远之敌，才能接近其身体，用时才能更加方便灵活。演练者要细心体会。出脚的高度，应与自己的头平，因指向是对方脑后，也就是脚在上摆时击打的是对方的脑后，双手击打的是对方的面部。要把手脚二劲归为一合劲。

图 3.15

摆脚的要点：在上踢时速度要猛，趁着右脚前上踢的惯性身体左旋，继而右脚才能顺利地向右摆出，与双手在空中做到默契配合。正所谓：一合一开脚上踢，先捋后拍脑后击，空中改为扇形腿，顿时满天血横飞（图 3.15）。

**（八）后挂脚**

图 3.16

后挂脚在活步推手中应用较多。它是将欲后挂一脚先点于另一脚前侧（图 3.16），身体则向欲摆脚一侧略转，身体下蹲蓄而待发。双手向欲挂脚一侧身后摆出，双掌心向外，意味着双手捋着对方一臂于身后，欲上腿再次成偷步前上，脚掌着地即向身体后斜后挂出，同时双手协助脚的后挂一齐盖向对方胸前，与脚合成一劲。脚向对方腿肚处突然向后挂出，使对方失去重心，同时双手正好发击于对方胸部，一举将对方击倒。应注意的是这个动作是在腰脊的带动下来完成的。速度须快、猛，在1秒内完成捋、挂、盖的整个动作，否则成了顶劲，反而遭殃。总之，后挂脚在单式演练时步法要机动灵活，视彼的远近，可直上脚后挂，也可先上另一脚靠近对方时，再跟步前上然后挂。无论如何运用，切记上拢下提与偷步要默契配合，只有明其跌法，使彼在不知不觉中受制，而又不明其原因，才为运用后挂脚的奥妙之处！正所谓：一引一进蓄合击，上拢下摆偷步上，扭腰旋背把劲发，腿起脸仰躺地上（图3.17）。

图3.17

### （九）下摆脚

前上一脚，重心前移，用前脚掌两侧一里一外，左右循环，反复练习。一般来讲，在脚外摆时脚是不能离开地面的，只是重心略向脚后跟移动，使欲摆的前脚掌负荷变轻，左右摆动，达到灵活为目的。在步型上一般为前弓步，在重心分布上，由于前后移动的角度不一样，有时还须加上用法，所以不能千篇一律。大体上可分为四六、三七、二八分成。演练者应注意，在脚前掌里外摆动时，劲宜短不宜长，短则急速有力，惊移对方重心比较明显，长则无力散乱。此劲多用于下惊、上取、外捌里合为一劲。正所谓：下惊上带移重心，脚腰手臂合一起，脚逆身顺二股分，发击鬼神惊三分（图3.18、图3.19）。

图3.18

图3.19

## 三、腿的训练方法



腿的训练方法有顺缠腿、逆缠腿、里合腿、外摆腿、下采腿、撞膝腿、后摆腿。

**(一)顺缠腿**

两脚平踏与肩同宽，继而左脚向左跨半步，重心移至左腿，身体下蹲，先出右脚（图3.20），由左向右划圆。注意脚离地面最高不得超过15厘米，以脚尖落地，与肩同宽（图3.21）。稍加停顿，继而斜右外上步约40厘米，在划圆时腿要放松，以脚后跟为顺缠着力点，旋转时才能便利从心。待右腿落地后，重心

图3.20

右移，在重心右移的同时，左脚向左外出脚，继而不停地由左向右划圆，落脚点地，上步皆同右腿。然后脚再前上连续循环，双腿顺缠前上反复练习。注意在双脚连续循环前上时，眼睛要随着左右腿斜视侧前方。这也和练拳一样，用意不用力，始而慢，久而自然变快。

图3.21

**（二）逆缠腿**

提左脚向左侧跨步，右脚跟步点脚，宽度同顺缠（图3.22）。右脚由右外向前，再向左旋转360°变点脚，与肩同宽（图3.23），继而向右前外上步40厘米，然后踏地，重心右移。在移重心的同时，左脚提起由右向左外旋转360°，继而向左外前上步约40厘米，渐而踏平，左右循环前上。反复练习，注意着力点在脚后跟内侧。

图3.22

腿法的顺逆练习方法较多，要求机动灵活，视对方远近而练习。如单腿直进练法，跳跃左右练法，左逆右顺或左顺右逆练习，或右腿顺缠右外踹，右腿逆缠左侧踹，等等。但左腿正好反之，左腿逆缠左外踹，左腿顺缠右侧踹。总之，各种腿法都必须明辨清楚，只有反复交叉演练，才能全面地掌握好腿法的技能。

图3.23

### (三)里合腿

立正姿势站立，渐而重心左移，右脚向前迈出（图3.24）。一般来讲，里合腿多用于前弓步和半弓步，以膝盖内侧向里摆击为里合腿。在练习里合腿时，重心由后向前移，待移至九成时，开始摆击（图3.25）。

图3.24

注意：腿在里合时要和扭腰旋背相结合，做到左脚蹬地前催，膝内摆，扭腰旋背成为一体。里合腿多运用于活步推手中的右腿，顺步推手时（上下步）多用左腿。在演练时应左右循环，不停地练习。

图3.25

### (四)外摆腿

外摆腿是建立在前弓步基础上的，同样是在欲摆时重心向前移至九成时，突然外摆。但是在运用外摆腿时要注意，欲摆前无论是两臂或双腿，都无须过于用力，否则对方察觉后则逃之。最完美的方法是在运动中寻机应用跌法。外摆腿多用于活步大捋之中。在单练时反复练习，推手中反复实践，渐而领悟其一动百骸皆随的技击内涵。若不求甚解，终日苦练也难成大器（图3.26）。

图3.26

演练外摆腿，可左右脚连续前上，先

做外摆继而里合。也可连续做3～4次外摆，然后再连续里合。在演练中自感劲力顺达后再更换另一条腿，如此收效会更好（图3.27）。

图3.27

### （五）下采腿

下采腿有左右、逆顺之分，无论是逆采或顺采都是建立在前弓步之上的。如欲采之前重心控制在后腿，渐而前移，在前移时腿先由里向外逆缠旋转约180°下采，反之由外向里顺缠下采。在做下采的动作时，脚踝要放松，周身气往下降，下采的位置是对方臁骨内侧中上端，渐而达外侧。至于下采膝弯的角度，超过脚尖约45°为宜。不可太过，过则失重。在单式演练中可左右上步循环练习。在练习中反复体会劲力（注意：下采时若逆采，脚尖略外摆，若顺采脚尖略里勾，做到下采时伸中有屈，屈中有伸，螺旋前进，又可直入，图3.28）。

图3.28

### （六）撞膝腿

撞膝腿可分左右撞、直撞、里合撞、外合撞四种。无论是直撞、里撞、外撞，都是重心由后向前移，如左脚先前一步，右腿随之屈膝向前对准彼裆内直撞（图3.29）。在前撞时含胸、收腹与撞膝配合

图3.29

好，但应注意在提膝上撞时，一定把胯和脚踝松好，这样在含胸收腹的配合下，力点定能聚集到所需位置。在练习中为了使目标明确，每次提膝时两手叠盖，给提膝做好辅助工作。也就是提膝直撞掌心（图 3.30）。

图 3.30

里合撞在重心前移时，屈膝斜向左侧上撞，击对方右腿内侧，或左腿外侧（图 3.31）。

图 3.31

以一腿屈膝直斜向外上撞为外撞。练习要点同前（图 3.32）。

图 3.32

**（七）后摆腿**

后摆腿的单式练习是大身法，一腿由前向后斜上摆出，或脚离地较低向后斜摆。练习的方法是右脚前上，以脚尖点地，然后在腰脊的协同下向后摆出。但应注意：在一腿前上欲要后摆时，意念中无人当有人，双手捋住彼一臂，在腿后摆时，双手在腰脊的带动下一齐向彼发击。这样下惊上击，对方被惊击倒地。要点与前相同，皆是周身之劲（图3.33）。

图 3.33

## 四、拳的训练方法

拳的练习方法分上冲拳、下栽拳、双分拳、下砸拳、单臂直冲拳、抱空拳、钉子点穴拳、双钉贯阳拳。

### (一)上冲拳

无论左右拳向前弧线上冲，皆为上冲拳。如：先上左腿，身体下蹲，重心由右向左腿移,继而右拳随右腿前上,弧线向前上发里钩拳(图3.34)。高度不要超过头顶，在右拳上冲时，右腿也随之屈膝上撞彼阴部。但应注意冲拳撞膝要同时到位。上撞时要与含胸、塌腰、松腹、提肛相配合,同时做到左腿微屈,五趾抓地。这样在左右反复演练中，才能稳固好自己的重心，力点才能清晰准确(图3.35)。

图3.34

图3.35

### (二)下栽拳

以拳顶直下或斜下发击为栽拳。如右脚前上,重心由右向左移动的同时,右手四指蜷曲，拇指横贴于四指中节，拳不可太紧，也不可太松，适可而止。向身体前下发为栽拳。在发右栽拳时，左臂也要做好相应的配合，发背靠劲或后肘劲均可。注意在演练时，发栽拳是周身内外相合，一动百骸皆随，方可运用自如（图3.36）。

图3.36

**（三）双分拳**

双分拳也可称为双进拳，左（或右）腿横侧跨出半步，在跨步的同时双臂握拳从两侧向上提起交叉，继而下落于胸前，双拳心向下（图3.37）。然后向迈出腿方向移动重心，在移重心的同时，两臂向两侧外发进拳，双拳心向上。其发击要领：待双臂合于胸前时，身体略下蹲，裆膝微内扣，含胸，两肩略内卷，发进劲时裆、膝、胸、肩略外开，在移重心胸外开的一瞬间，双拳从中间向两侧发劲，才能做到内外兼修，劲力顺达（图3.38）。

图3.37

图3.38

**（四）下砸拳**

无论是单拳下砸，还是双拳下砸，练习要点皆同双分拳要点，只是出手路线和发击点有所不同。单拳练习法是，若右脚先向右侧横向跨半步，落脚时脚尖略外撇，右手握拳屈在左胸前，拳心向里，左拳松沉在左腿外侧蓄而待发（图3.39）。继而左脚蹬地，重心右移，在右移的同时身体向右旋转，两拳随身体右

图3.39

转时右拳以拳背向下砸，左拳屈腕上挒。在周身各部位的有机配合下两拳抖出，然后左脚横跨盖于右脚前，两手右起左下到原来欲发之位。继而提起右脚横跨，在右脚落地时，两拳再次右下左上发劲，连续进行，周而复始。左右演练皆同（图3.40）。

图3.40

双手下砸拳同双分拳，双臂由两侧在胸前相交，继而一腿横向跨步，待移重心的同时，右拳经左向上，向身体右侧下砸，左拳经右向上，向身体左侧下砸。两拳下砸时，同起同落，都以拳背下砸，眼视跨步一侧（图3.41）。

图3.41

**（五）单臂直冲拳**

太极拳的直冲拳与外家拳有所不同。太极拳的直冲拳是在周身放松的条件下，以意念为主导，在扭腰、旋背、螺旋缠丝的前提下向前抖出的。演练时如左脚前上，应左手立掌前伸，指尖上扬，右拳蓄于右肋处（图3.42），然后右脚蹬地，扭腰、旋背、逆缠向前抖拳，力点达于拳顶。但在右拳向前冲时，左手做好配合，左臂内收向左后发肘劲。这样左右对称，能够加速右拳的前冲速度。冲拳在太极拳中叫掩手肱拳。左右循环兼练，

图3.42

逐步体会内外兼修的情趣。否则华而不实，外刚内空，即使冲出的拳呼呼带风，也无济于事，切莫忽视（图 3.43）。

图 3.43

**（六）抱空拳**

所谓抱空拳，是演练者在单式演练时，一臂内屈形似半月状，另一臂出拳与掌心合劲击之，同样形成半月势，所以两臂形似抱球形状，反复空运演练，故曰抱空拳。

抱空拳的演练方法是：先上右脚，同时右拳蓄合于右肋处。继而上左脚，左掌前伸(图3.44)，然后重心由后向前移，在移重心的同时左掌内带，右拳前击落于左掌心内。其运转要点同直冲拳，所不同的是，抱空拳劲不形于外，拳只行至四成，以内气催劲，劲宜短而不宜长，从外观上看小巧灵活，却内含坚刚。身法的大小可根据自己的身体条件而自行选定（图 3.45）。

图 3.44

图 3.45

**（七）钉子点穴拳**

所谓钉子拳，是五指蜷曲，中指中节向前突出，食指与无名指紧贴中指两边，拇指梢节里侧紧贴于中指梢节指甲盖上，使中节在前击时稳固坚硬，点击清晰。钉子拳的点击宜速、疾、猛，劲

力宜短不宜长，此步法较小，灵活多变。左右上下皆可循环发击（图3.46）。

图3.46

**（八）双钉贯阳拳**

所谓双钉拳是双拳形成钉子拳之意，所谓贯阳是在演练中，有双钉合击彼太阳穴之意。

具体的演练方法是：无论向前先出哪条腿，两钉子拳从两腿两侧向中间合之，两拳相距25厘米左右。此劲同样是宜短不宜长，发击时胸要内含。两肩内卷，束肋气聚下丹田（图3.47）。

图3.47

另一种演练方法是：有一腿独立，另一腿屈膝上撞与双钉贯阳拳相配合，拳击膝撞要求同时到位。演练者左右两腿轮流前上，循环演练（图3.48）。

图3.48

## 五、掌的训练方法

掌的练习方法有双震掌、单掌、臂掤前推掌、单手托掌、左右连环双击掌、顺逆托腰掌、单掌顺逆缠法、双带掌、前穿掌。

**（一）双震掌**

双震掌有长短劲之分，开始先练长劲。两腿无论哪条腿先前上均可，双手竖立在胸前，双掌心向前（图3.49）。随着后脚蹬地，重心前移，两掌同时向胸前推发。推掌时应舒胸、束肋，气往下沉，气下沉要和推掌有机配合（图3.50）。

注意：欲前推要求身体中正，胸略内含，背略上拔为宜。

短劲的练习，其步法和身法都与前相同，胸腹含蓄，犹如灵猫扑鼠之势蓄而待发。前发时气突然下降，沉肩坠肘，坐腕扬指，前顿步向前发短劲，劲达双掌根，双臂形成半展状态即可（图3.51）。

**（二）单掌**

有顺步单手出掌、左右上步循环演练法。有上左腿出右掌向直前发掌和左侧斜隅角发掌，又可上右脚出左手向左前发直推掌，继而又可向右侧斜隅角发斜推掌。

发掌有二种：其一为长劲，其二为短劲。其发劲要点和双手前发有所不同，双推掌是劲向前直顿发，单推掌是在扭腰、旋背的带动下向正前或斜角推发的。发劲的威力大小、速度快慢、劲的长短、身法的大小皆可因人而宜，都是由慢而快，由快而疾，持之以恒，自能顺其自然，出手皆能达到内外合一，形神兼备。

图3.49

图3.50

图3.51

一出手皆如摧枯拉朽，势不可挡（图3.52、图3.53、图3.54）。

图3.52

**（三）臂掤前推掌**

一臂将对方来拳或掌向上掤起，在上掤的同时，另一掌随之向对方胸部发击，或用低身法向对方小腹部发击。

具体的演练方法是：一腿先向前上一步，同上一侧之手向上掤时，另一手蓄于肋旁（图3.55），周身要以腰为界，腰以上劲向上行，腰以下劲向下行，形成周身对拉之势。只有这样才能更好地稳固好自己的重心，发掌力点才可清晰有力（图3.56）。

图3.53

**（四）单手托掌**

可作左右单手上托，托掌是以掌根内侧，先向斜上方托起，继而归正上托。

图3.54

图3.55

图3.56

具体的演练方法是：如提右手先向上托，右脚即可在松胯、收腹、含胸的前提下，向上提膝上撞。在右掌上托和右膝上提的同时，左手则掌心下按，与右托掌有机地配合，上托下按同时到位(图3.57)。但在练习的过程中应注意的是，胸腹右侧张开，以腰为界上下有对拉之意，左侧蓄而发，这样就可做到宾主分明，右重左轻。在演练的过程中，去逐渐实践和体会。

**(五)左右连环双击掌**

左右连环双击掌又可叫做两上一引一击。单练时若右手和右脚先向前上，右手有接彼手之意，继而向右后方领（图3.58)，此时身体右转，同时上左步，左手先逆后顺前伸(图3.59)。继而不停地左手在意念中搭住彼后背，然后速向怀中带来。此时右手放弃，外引手向前出掌与左带掌合拍。上右步右手向前上接手，同时左脚前上，左掌插搭于彼后背，立即向怀中带来，右手急速前上掌击彼前胸（图3.60)。

注意：带击时气向下沉，含胸、束肋、沉肩、丹田蓄合，重心向左前移的速度要配合好双掌，劲力才能集中辅助

图3.57

图3.58

图3.59

图3.60

左右掌。

**（六）顺逆托腰掌**

所谓顺逆托腰掌，就是双手各在一侧向外托掌的顺逆不同之意。如彼拿住我右手顺缠向外拧，我则上右步，身体侧向右下俯身，随着彼的顺缠我即逆缠向前伸展，同时我左手在右伸时，拇指与四指叉开搭于彼右肋处（图3.61）。继而急速提起右脚再次前上，右手继续前伸，身体继续斜下俯，有引进落空之意。在斜伸和侧俯的同时，左手推肋向前催发。但注意上步、斜伸与左掌前催发劲，应三者合归于一（图3.62）。

图3.61

图3.62

如彼抓住我左手逆缠拧之，我即上左步，身体左斜倾顺缠顺彼前伸，同时右手搭彼左肋处。要点同右侧，促步前伸发力。在单人演练时，应视无人为有人，决不可无意空练，否则收效甚小（图3.63）。拳论曰："劲起于脚跟，行于腿，主宰于腰，达于四梢。"这就是说每招每式发劲时，劲都是通过腰腿的密切配合传导于梢节。从中领悟其规律，运用自如，这就是理论与实践相结合的成功经验。只有这样，发出来的劲才能完整一气，势不可挡。

图3.63

### （七）单掌顺逆缠法

顺逆缠法是配合另一手顺逆短劲拿法所用。若我抓住彼一手顺缠下旋，同时我上右步，右手前伸，将对方一小臂搁在我小臂之上，此时我右手变顺缠，左手变逆缠合劲将对方拿住（图3.64）。在拿的过程中，重心由左向右移，胸内含，右臂内扣，与左手拿劲相合。

图3.64

注意：在用拿法时，周身各部位关节放松，力点才会清晰。若对方放松逃脱，我即更换劲别，变右逆左顺继续拿之（图3.65）。总之，在单掌顺逆的训练中，左右换步，顺逆交替使用，不可死板，以听彼劲而随时改变劲路为上策。

图3.65



### （八）双带掌的单式演练法

双带掌，右步前上，重心前移，同时左掌前伸，继而顺缠左引，拇指与四指叉开，掌心向外，右臂前伸，指尖向前（图3.66）。然后重心后移，身体向右旋转，在右旋的同时，左手变轻握拳向前推，右臂内屈90°，随右掌手指内屈，一齐向身体右侧后带，左右循环，更换练习（图3.67）。

图3.66

注意：在重心左移身体右转时，要与双手合为一劲，要在演练中逐步体会其中的奥妙。

**（九）前穿掌的单式演练法**

如先上左脚，左手随之前上，掌心向外，手指向上。在左脚前上的同时，右手蓄于右肋间，掌心向上，指尖朝前（图3.68）。继而不停地重心前移，两手左下右上向前发穿掌，此时左掌心向下，右掌三指在前，拇指与小指构成合劲相互呼应。这样可以提高食指、中指、无名指力点的清晰度。然后右手顺缠走右外弧领着右脚前上，待右脚落地后，左脚随即前上，左手由后向前上，双手都回到原来欲发击之处，继而左下右上发穿掌，周而复始，反复练习。左右循环，练习相同（图3.69）。

注意：右掌向前发顺缠抖劲时，一定要做好腰脊的配合，才能疾速有力。

图3.67

图3.68

## 六、肘的训练方法

肘的训练方法有立肘、前栽肘、腰拦肘、顺拦肘、穿心肘、上挑肘、双开肘、双扣肘、挂肘、挒肘、采肘、斜穿肘。

图3.69

### (一)立肘单式演练法

所谓立肘，是一臂内屈约90°，掌变拳，腕内屈约4°，以小臂外侧向前击。

立肘单式演练方法是：如左步前上，右臂屈合于右肋处，拳心向后，左臂随之屈合于左肋前，掌心向里（图3.70），然后在移重心的同时右肘前发，左臂随之向身后发肘。但要注意，右臂为主，左臂为辅，左臂起平衡辅助作用。若久练纯熟，即可随机应变。左右循环练习，劲先长而后短（图3.71）。

图3.70

图3.71

### (二)前栽肘

如上右步，右臂随之前上，内屈90°，继而右臂由后螺旋向上翻，随即向前下栽出，为前栽肘。

具体的演练方法是：两脚立正姿势站立，渐而重心左移，身体右转，同时右臂提起内屈90°，置于右肋处。此时右掌变拳，手腕内屈，拳心向后，在右臂上提内屈的同时，左手向右，以掌心搭于右拳背上，为右肘前栽做好准备（图3.72）。然后提起右脚，向右前迈出，右肘在右脚迈出欲要落地的同时，由后向上，向前下发栽肘，力点在右小臂上端肘关节连接处。但发栽肘时，左脚必须

图3.72

同时跟步前上，双脚落地有促顿之意。然后右臂再次向上提起，拳置于右肘处，拳心仍向上。在右臂提起的同时，左臂向左外伸，右脚提起再次前上，右臂再次向前下发栽肘。待右肘下栽至九成时，左手向上，也可以掌心与右臂肱骨中节相拍击。这样周而复始，左右循环演练（图 3.73）。

图 3.73

图 3.74

**（三）腰拦肘**

两臂无论左右式演练，都是臂向内屈90°，拳落于胸前，拳心向里，若先出右臂上右腿，或出左臂上左腿，凡向前发肘皆为腰拦肘。

图 3.75

具体的演练方法是：如上右步，身体先略左转，继而身体右转，右脚尖略外摆，在右转的同时，出右手经左侧向上掤(图 3.74)，继而下落变拳蓄于右肋处，拳心向里。在右拳下落时，左脚前上，左手随左脚前上伸于左侧前（图 3.75）。此时身体下蹲，周身蓄合，右脚蹬地，重心左移，身体左转向前发腰拦肘，在发腰拦肘的同时，左掌内带与右小臂中节相拍合。应当强调的是，发腰拦肘时略有上挑之意，这样才能有拔根离地之妙（图 3.76）。

图 3.76

### （四）顺拦肘

身体预备姿势站立，眼视正前，含胸，束肋，心气下降。所谓顺拦肘，如先用右臂逆缠螺旋向前屈合横于胸前，用大臂外侧向外发击者为顺拦肘。

具体的演练方法是：若左脚向左横向跨步，约50厘米，继而右腿提起向左跨步，以脚尖点于左脚内侧，两脚相距50厘米左右，此时两腿屈膝下蹲，周身蓄合，有待命出击之意（图3.77）。两臂在右脚向左跨时，右臂先起内屈，左手右去前迎，以手掌搭于右臂外侧。继而向前螺旋划弧，重心先右后左移，横于胸前，右拳落到左腋前，拳心向下。继而右脚提起向右外跨步，在跨步的同时，身体右转，左手辅助右大臂，以右大臂外侧一齐向右外发击顺拦肘。开始时劲宜长、宜慢，熟练后宜短、宜速，然后再左转，再右发击，周而复始，左右兼练（图3.78）。

### （五）穿心肘

所谓穿心肘，就是一臂内屈以肘尖向外发击。

具体的演练方法是：步法、双手运动路线，皆同顺拦肘。所不同的是：其

图3.77

图3.78

图3.79

一，顺拦肘发击略偏后，穿心肘成直角，以肘尖向外直开。其二，穿心肘左手掌搭于右腕处，并轻握右拳腕部，协同右肘一齐向右击发（肘指向对方胸部心窝处，图3.79、图3.80）。

图3.80

**(六)上挑肘**

发击一侧臂合于肋处，然后急速向上发肘上挑，故曰上挑肘。

具体的演练方法是：两脚立正姿势站立，双臂自然下垂，继而左脚跳起向左侧跨半步，在左脚欲要落地时，右脚随之跟步跳起，以脚尖点于左脚内侧约50厘米。同时双手待双脚跳起时，左掌向左外上抬指尖朝上，掌心向右。右掌向左经胸前，随身体右转向右划弧落于右膝上方，掌心向下。此时眼视右侧，周身蓄而待发（图3.81）。继而右脚速向右上步，脚后跟先着地，重心随之右移。在移重心的同时，两掌变握拳左下右上，右拳顺缠屈腕于右肩处，右小臂外侧迅速向上发挑肘，右拳心向下。左拳落于左肋处，拳心贴肋（图3.82、图3.83）。

图3.81

图3.82

图3.83

注意：在发上挑肘时，眼视身体右侧，发击一侧以腰为界，形成上下对拉之势，否则劲全向上，即有拔根之危。只有左侧蓄含辅助右侧上挑，才能做到左右兼顾，虚实分明。此招发完后，左脚左跨。右脚随之左跨点地，然后再上右脚发肘，周而复始，并可左右演练。此劲也同样是先慢长而后渐短促，直至熟练达到弹抖寸劲为宜。

图3.84

**（七）双开肘**

两臂向内屈合，两小臂相贴合于胸前，向横侧跨步，同时双臂向两侧发肘为双开肘。

双开肘的具体演练方法是：无论哪条腿先向横侧跨步，同时两掌变握拳在胸前屈臂并合(图3.84)。如向左侧跨步，左臂在里，右臂在外。跨步出肘则向左击之，在移重心的同时，双肘向两侧发肘劲，劲力直达两肘尖。眼视左侧，反之眼视右侧（臂在里侧者为主，在外侧者则为辅）。左右循环演练(图3.85)。

图3.85

**（八）双扣肘**

双扣肘也可叫双合肘，是双臂内屈由两侧向中间击双肘。

具体的演练方法是：一脚前上时双掌变拳落于两肋处，待重心前移时，两小臂、肱骨外侧齐向中间内扣发肘劲。发肘时双拳落于胸中央两侧，双腕向内屈

图3.86

合，眼视前方，胸内含，两肩随双肘前发向内卷。这样能加大双肘发击的幅度。演练者在演练中，应认真体会其内涵（图3.86、图3.87）。

图3.87

**（九）挂肘**

所谓挂肘，是一臂屈肘前伸，以大臂外侧向怀中挂。

图3.88

具体的演练方法是：如左脚向前上一步，左手随之前伸，掌心向前扬掌（图3.88），重心左移，右脚前上一大步，落于左脚前。在重心右移的同时，左掌变半握拳由上向下，落于左腿外侧，右手变握拳竖肘于右膝上方，拳心内屈向后（图3.89）。继而右脚蹬地，重心左移，身体右转，左手前伸，右肘下沉向右后发后挂肘。

图3.89

注意：左伸右挂要同时到达，做到完整一气。此挂肘发毕后，再上左脚伸左手，上右脚出右肘，然后再发挂肘，左右循环，周而复始（图3.90）。

**（十）捌肘**

图3.90

捌劲是太极拳八大劲别之一，捌就是顺中求横。

所谓捌肘，就是用肘的横劲克制对方顺劲的一种方法。

具体的演练方法是：上右步，重心前移，出右手扬掌落于右膝上方，继而重心左移，同时右掌变屈腕刁手，在右手变刁手的同时，左手拇指叉开前伸。然后重心突然右移，左掌变半握拳向左侧肋处斜下，同时右小臂肱骨右侧向前发挒劲（寸劲）（图3.91）。

图3.91

注意：左右手运行时要同时到位，此劲都是在腰脊的带动下来完成的，以横劲破顺劲，才能形成挒劲。挒劲完毕后，上左腿与右腿平行。右脚继而前上，周而复始，在演练中细心揣摩。

**（十一）采肘**

在另一手的辅助下，以肘向下采住对方使其不能运转，为采肘。

具体的演练方法是：如左脚向左侧后方撤步时，左掌拇指叉开由左向右侧前上，继而重心左移，同时左手小指领劲变半握拳，由上而后下经胸前落于左肋前，掌心向上。在左掌欲落的同时，右手从右侧屈肘上抬，此时小指、无名指、中指蜷曲成刁手，拇指与食指成八字形。在重心左移左手逆缠下旋的同时，右小臂肱骨外侧向下发采肘劲。在发采劲时一定要与拧裆、转腰、旋背密切配合，动作内外一致，身手俱下，切不可痴呆手软（图3.92）。

**（十二）斜穿肘**

它是在处于被动局面时，大身法转危为安的一种向斜上后击的特殊肘法。

具体的演练方法是：如左腿屈膝下蹲，五趾抓地，右腿向右后方伸出。在右伸的同时，右手拇指领劲逆缠上抬，使肘自然下沉（图3.93）。在松胯的前提下，身体突然下俯，重心右移，在移重心的同时向斜上偏后方发上穿肘。

注意：发穿肘时周身劲一定含蓄好。下俯则是跌法，发肘时机须适当。否则，或迟或早皆不能用之。应下大功夫，反复演练，在实践中去体会领悟（图3.94）。

图3.92

图3.93

## 七、靠的训练方法

靠的训练方法有前栽靠、侧肩靠、迎门靠、胸靠、双背靠、背折靠、七寸靠。

**（一）前栽靠**

一臂内屈于前上腿内侧，右肩外侧向前下发栽靠，为前栽靠。

具体的演练方法是：如右腿前上，右臂内屈于右腿内侧，同时左手轻搭于

图3.94

右臂外侧。在重心右移的同时，右肩外侧向前下栽发靠。但右腿前上重心前移，右臂内屈发栽靠，要同时到位。待前栽靠发毕，左脚前上与右脚齐，右脚继而再上发栽靠。周而复始，左右循环（图3.95、图3.96）。

图3.95

注意：发前栽靠俯身倾斜度较大，发击时还须控制好自己的重心，不可过度前探。应做到既发击到位，还要做到我守我疆，莫要出界，贪则失势，后悔莫及。

**（二）侧肩靠**

图3.96

所谓侧肩靠，是己一肩对彼一肋，侧向发肩靠之意。

具体的演练方法是：若右脚向前方上步，在脚后跟着地的同时，右手由内向上，再向右外掤引，左手随着右手而由左向右搭于右肩内侧。继而右脚再次提起前迈，右肩随之急速向前，以肩的前侧向前发侧肩靠（图3.97）。

图3.97

在双手右引的情况下右脚向前上一大步，不做踮步，也可直接向前发侧肩靠。但应注意，在发击时，引、带、击三者合为一劲，时差不能超过1秒，否则节奏掌握不好，反而顶劲。演练者在实践中，逐步掌握快速完整之要领，要求逐渐达到“快而不散，沉而不僵，轻而不浮，浮而不飘”的标准（图 3.98）。

图 3.98

**（三）迎门靠**

所谓迎门靠，是古代人们对双手的形容，形容双方在交手时手就像两扇铁门一样，若不得机，不得势时，就闭而不开，严密守护，使彼不能来侵。如能将对方两扇门打开，迎门靠就能随之入内击之。

具体的演练方法是：如右脚向右前方上一大步，同时双手前上交叉于胸前，左里右外，双手指斜向上，双掌心向左右两侧，继而不停地向身体两侧外，将彼双手分开，使彼胸部暴露。然后两臂向身体两侧后，促使右肩向前，在双手向两侧分的同时，突右肩向前发击（图 3.99、图 3.100）。

图 3.99

迎门靠法有二：其一，发靠时劲略向下，肩尖更能突出，易伤人，为窄面；其二，发靠时肩平着前催用宽面发击。总之，发击都须完整一气，宜快不宜慢。待此靠完毕后，再上左脚与右脚平行，继而再上右脚，再合，再分，再击。周而复始，左右循环，反复演练，直至速度、劲力自感称心为止。

图 3.100

## （四）胸靠

在胸腰折叠的前提下，以突胸击之为胸靠。

胸靠的演练方法是：如右脚前上，重心前移，两臂向两侧分开，继而向前成搂抱形状。然后重心突然由右向左移，此时两手同时以掌将彼向怀中带来，胸内含，重心急速向左再向右移，在右移的同时，胸急速外突发击胸靠。此靠须练纯熟，否则不能用之。演练者在演练时要增强时间差意识，巧用时间差，克敌制胜。此靠完毕，继而上左脚与右脚平行。再上右脚，伸两臂，合抱，突胸发击，左右腿连续前上，反复练习（图3.101、图3.102）。

图3.101

图3.102

## （五）双背靠

双背同时向后靠击为双背靠，双背靠的演练属短弹抖劲，有一定练拳基础的人方可演练。

具体的演练方法是：两脚平行站立，在肩内卷时，双手拇指轻领劲向后转，双掌心向后，待周身蓄合到适中时，突然呼气突胸向前崩。双背向后发背靠。左右两腿无论先上哪条腿皆可。在重心前移时胸内含，然后双背向后发背靠，其要点和前相同，都是先蓄而后发。此方法也属短劲，须下苦功练习，方可知其奥妙（图3.103、图3.104）。

图3.103

图3.104

### （六）背折靠

在腰脊为轴心的引进情况下，向后反折以背发击之为背折靠。

具体的演练方法是：如右脚前上，右臂前伸渐而下插于右腿内侧。指尖斜下，掌心向下（图3.105）。继而重心略前移，右手随重心前移变顺缠上升，在右手上升时身体略左转。此时周身蓄合，待重心合好后，重心继续右移，在移重心的同时，右大臂和肩同时向右后方发后背靠劲。此靠的运用应根据对方贴身的远近而定，如近则发短劲，若较远可略将靠距放长。练习背折靠，要左右势循环兼练，决不可急躁（图3.106）。

图3.105

### （七）七寸靠

所谓七寸靠，是指在运用时发击部位离地高度以七寸(约23厘米)为宜。

具体的演练方法是：左（或右）腿向一侧横向跨出一大步，然后俯身下去。肘从膝下绕过，左右循环演练。此靠属大身法，要求身法在大幅度的倾斜下，还须达到曲中求直，斜中寓正，不能失去

图3.106

顶劲。此劲开始时宜慢不宜快。一般功夫运用此靠是不容易掌握的，只有下苦功练习方可熟练运用（图 3.107）。

图 3.107

## 八、拿的训练方法

拿的训练方法有顺逆拿、胸拿、腹拿、双合腹采拿、缠绕拿、腿拿、刁盖拿、双合拿等。

**（一）顺逆拿**

所谓顺逆拿，就是顺缠与逆缠兼施并用之意。

图 3.108

具体的演练方法是：如上左腿，左手前伸，掌心向里。同时右手置于右肋处，右掌心向上（图 3.108）。继而松左裆，重心由后向前移，在重心左移的同时，左手拇指领劲由外向内顺缠，在左手顺缠的同时，右手由外向内扣合，与左手构成一劲拿之（图 3.109）。但在重心左移时，只有裆走下弧前催才能顺遂有力。同时双手合拿时须沉肩、坠肘、含胸、塌腰、束肋，气往下沉。只要在运动中能做到内气与外形的密切配合，在实践中就能逐渐收效。

图 3.109

顺缠拿毕，继而变重心略向后移，随

即向前，重心在一瞬间左右左变换的同时，双手由左顺右逆变为左逆右顺缠，随同重心前移而拿之。总之，顺逆是相辅相成的。我用左顺右逆拿住对方，但对方以柔化放松向我身体下插，此时对方则基本解除了拿法给他造成的威胁。所以我须及时改变劲路，以左顺右逆变左逆右顺截住对方的劲路，如其再变，我则随彼动而动，随彼变而变。由于对方走的是长劲，我则是一开一合的短劲，我后发而先至，最终皆在他先。只要多下功夫，能熟练运用时，即可不加思索，战而胜之（图3.110）。正所谓：

拿法小技实难练，节节放松力点坚。
上下四旁扣如弓，一处不达也不中。
左合右拿反复变，日日演练不清闲。
年轻不下苦功练，年老后悔也枉然。

**（二）胸拿**

所谓胸拿，是指在手的协助下，以胸合劲采拿。

具体的演练方法是：其一，我右脚前上，同时右手从右侧起经胸前向左，然后向右上掤，高与头平（图3.111），落于右肋前，掌心向前外，继而右手右转时松右裆，身体右转，重心右移。同时

图3.110

图3.111

左手前上落于左侧前方（图3.112），随即松左裆，重心左移，同时含胸、束肋，气往下沉，右手变握拳贴胸。然后随胸内含下采。在胸下采时，右手随之顺缠里合，此时扣裆，含胸、束肋、气沉丹田三劲合归于一。但应注意的是，双手只是起到辅助作用，力点在胸左侧，在胸采拿时松左裆，重心左移，才能达到力点清晰（图3.113）。正所谓：

图3.112

图3.113

左上右扬一整圈，松裆转体蓄肋旁。
前移重心合好劲，顶劲领起中峰悬。
一速一慢随彼变，擒拿中正不可偏。
急动急随莫丢劲，周身无处在悠闲。

**（三）腹拿**

所谓腹拿，是在左右手的辅助下，以小腹擒拿之。

具体的演练方法是：先上右步，右手随之由右经左侧，继而前上划弧落于右腹前，划弧确有接住彼手之意，此时掌成八字形，掌心向左，继而上左步，左手左前伸，指尖朝前，掌心向右。然后松左胯，右脚蹬地，重心左移，在重心左移的同时，双手变左顺右逆缠。此时左手顺缠合劲，右手随小腹内气向左滚拿之。应该注意的是，腹拿时合裆、含胸、束肋，气往下沉，左合、右拿、腹滚三劲合归于一。主要支点在于小腹，至于双手，相对而言右重左轻，皆起辅助作用。眼平视左侧前（图3.114、图3.115、图3.116）。正所谓：

右上左跟脚站稳，右下左上向前伸。
未拿轻捷如灵猫，意念贯穿欲待攻。
不可左右多循环，此机一过再不返。
意坚动快心莫软，胜败只在一瞬间。

**（四）双合腹采拿**

所谓双合腹采拿，是右脚先上前半步，双臂前伸，然后内屈合90°左右，掌心向内，指尖相对，小腹突击，与双掌内合构成拿劲。

具体的演练方法是：如上右步，双臂前伸内屈，两掌心向内，目视前方（图3.117），继而不停地重心前移，含胸、束肋，气向下沉，丹田内劲鼓荡。然后在重心前移的同时，双掌由下向内上合，离小腹约10厘米合拿之。但应注意的是，在意念中应有敌情观念，此用法犹如对方双手按住我小腹往前推之，我当即重心前移，使小腹外突，两手拿住对方两肘向内合，使对方在受力时，双腕外折

图3.114

图3.115

图3.116

图3.117

被拿（图3.118）。正所谓：

右腿前上双臂伸，继而内屈再上提。

重心右移丹田聚，三劲合一是真谛。

直拿引入身靠近，发劲双掌胸前提。

上提逃脱两侧滚，侧滚合拿也难敌。

图3.118

**（五）缠绕拿**

所谓缠绕拿，是一臂由对方内侧缠绕后与另一手构成合劲拿之。

具体的演练方法是：先上右脚，继而出右手，经左胸前上，向右外上掤捋至右侧前上方（图3.119）。在右脚前上落地的同时，左脚前上，左手前伸，然后右手再下，落于右腿上方，身体下蹲，含胸、塌腰、束肋，气往下沉（图3.120）。双手内合与胸劲构成一劲，合二为一拿之。双手内合与胸的距离，约为15厘米。此势完毕后可再上右脚，出右手向外掤捋，上左手盖与右手向胸前复拿，左右循环，连续上步，反复演练（图3.121）。正所谓：

图3.119

图3.120

右先左后向前伸，右接左缠齐并进。

重心左移身屈合，双掌内扣降妖魔。

含胸束肋气下降，下降之中有鼓荡。

此种拿法妙如神，折断腕骨挫断筋。

### （六）腿拿

所谓腿拿是上左步，继而左臂前伸屈合，右手逆缠下拿与左手构成一劲，以左腿里扣为支点拿之。

具体的演练方法是：左脚前上，同时伸左手，然后内屈里合，掌心向里，指尖朝前（图 3.122）。在上左步的同时，身体下蹲，气下沉、含胸、束肋，重心前移。在重心前移的同时，左臂下塌，右手由右侧逆缠向前下拿，此时高度与左腿平，左腿略向里合，左臂与右手合二归为一劲。以左腿为支点拿之。拿毕重心左移，提起右脚前上，右手在右脚前上的同时，由左侧上起螺旋划弧，意欲接手，向右引落于右肋处。继而提起左脚，伸展左臂前上，重心前移合拿，周而复始，反复练习（图3.123）。正所谓：

左右两脚更换疾，右臂内合左臂伸。
重心前移走下弧，右逆左顺扣如弓。
膝盖内摆裆须松，两手为宾腿为主。
三劲归一齐拿敌，周而复始制胜归。

### （七）刁盖拿

所谓刁盖拿，如右手由右向左上顺缠上拧，左手由左侧前上向下按之，此

图 3.121

图 3.122

图 3.123

为右上左下盖。

具体的演练方法是：先上右步出右手，经左上渐而向右有接手引进之意，落于右肋处，待右脚落地后上左脚，伸左手。然后右手顺缠向前上拧，高与鼻平。右手上拧时，左手掌心向下盖，与右手上拧合为一劲。此时应注意上拧下塌时，沉肩含胸，身体略下蹲，有周身与双手合拿之意。此招演练完毕后，右手随右脚继续前上，左手下落；待右脚落地后，重心右移，随之左脚前上，左手前伸盖拿，周而复始。上右腿时，右手随之由左然后向右捌捋，落于右肋处。待右脚落地后，左手随左脚前上，身体下蹲，我以双手合盖劲拿之（图3.124、图3.125、图3.126）。正所谓：

右脚前上臂外捌，渐而下捋轻抓拧。
顺缠前送重心移，左手前伸搭彼臂。
一顺一塌劫彼劲，周身蓄合意欲攻。
虽然拿法甚为妙，拿确为打做先锋。

**（八）双合拿**

所谓双合拿，就是在周身的密切配合下双手合劲拿之。

具体的演练方法是：出右手经左侧，然后向上捌引。在出右手的同时，左

图3.124

图3.125

图3.126

脚前上，左手随之前伸，然后重心不停地左移，双手随重心左移一齐向下合拿。向下拿时身体下蹲。气下沉与双手合拿为一劲。就是右手先向前接住对方的手向右外引，再上左步伸左手，抓住对方的腕部上方，右手抓住对方手腕，在身体下蹲、含胸、束肋、气往下沉的一瞬间，一齐向下拿之。应该注意的是，在向下拿时只有沉肩、坠肘，才能使拿法的力点清晰（图3.127、图3.128）。正所谓：

随步前上掤变抓，继而轻轻刁起它。
左脚上步手抓肱，重心前移成前弓。
身体疾速向下蹲，合劲皆须周身随。
周身欲动意为先，直拿不悔莫痴呆。

图3.127

图3.128

## 九、解脱的训练方法

解脱的训练方法有关公解带、刁腕屈指解、双腕直解、穿掌解、屈腕反拿解、闪惊侧肩解、闪惊震掌解、反拿促步解、双手外分解。

**（一）关公解带**

据传说，此招是关公（《三国演义》中的关羽）的绝招。也就是彼从我身后突然抱住我腰，妄想将我掀起，我将彼双臂解脱，化险为夷，为解带也。

具体的演练方法是：两脚平行站立，与肩同宽，双手在身体两侧自然下垂，眼视前方。然后先吸气，随着身体渐渐下蹲呼气，继而气下行于丹田，在气向下行的同时，两手以小指、无名指、中指、食指为序，随着身法和气下降的快慢，由下向上顺着两肋外侧，渐而向上刁起。应该注意的是，气由外向内顺行下滚，同时下蹲、束肋、双手刁指三者合一，否则是不易解开的。总之，只有通过长期的锻炼，才能使解脱运用自如（图3.129、图3.130）。

图3.129

图3.130

### （二）刁腕屈指解

无论哪只手，四指并拢由内向外，有刁腕屈指解脱之意。此种手法多用于六封四闭变单鞭时，只有在单式中反复演练，才能做到遇敌时解脱自如。

具体的演练方法是：五指捏拢，由胸前起斜上右前方或右侧斜上，在沿路走化的同时，逐渐屈腕、屈指。待行走到终点时，五手指肚相合，自然达到脱出之目的。但此种解脱只限于手指，也就是手的梢节。在走化时应注意松肩、坠肘、含胸，气往下沉。只有这样，受阻一臂才能达到松而长、力点清晰，脱劲才能准确地达到手指。演练者应左右反复、循环练习，熟中生巧，定能逢凶化吉（图3.131、图3.132）。

图3.131

图3.132

**（三）双腕直解**

所谓双腕直解，就是当对方紧握我小臂和手的连接处时，我以双腕内侧螺旋向上迫使对方脱手。

具体的演练方法是：一脚前上，重心在后，两手变拳轻握，由两侧随重心前移徐徐前上。重心走下弧线向前移，同时含胸、束肋、沉肩、坠肘、屈臂，气向下沉，劲才能顺利地到达腕部内侧。此种解法演练时无须大身法，只是一松一沉，一开一合皆可（图3.133、图3.134）。

图3.133

图3.134

**（四）穿掌解**

所谓穿掌是双手在胸前交叉，无论向身体哪一侧走化，都是穿掌解脱之意，此势多用于金刚捣碓变拦扎衣一式。

具体的演练方法是：双臂内屈90°，左右两手在腹前叠置，左下右上（图3.135）。然后身体微下蹲，同时含胸、束肋、沉肩、坠肘，气向下沉，身体先左后右转,两手随身体的旋转左顺右逆,在身体左侧转一小圈（360°）,变双臂外掤,两掌心向外,有解脱完毕封闭对方之意。如向右旋转,身体先右后左,解脱顺逆的方向相反（图 3.136）。正所谓:

图 3.135

双脚平站身端严,二目平视望正前。
沉肩坠肘胸内含,双手叠置在腹前。
先左穿掌后右转,封彼双掌转向前。
欲穿上下腰为界,中正守僵莫偏贪。

图 3.136

**(五)屈腕反拿解**

若彼抓我右手指顺缠外拧,我即屈腕逆缠随之,待我旋转到所需位置时,左手前上协同右手一起反拿之,故曰屈腕反拿解。

具体的演练方法是:如我右臂前伸,然后内屈 45° 左右（图 3.137）,掌心向左,继而不停地逆缠向外旋转180°左右,屈腕内折,同时右脚前上,以脚尖点于右前方。此时左手前上,协助右手一起向下反拿之。但应注意在外旋屈腕时身体上拔,以腰为界,一半上升,一半下降,松肩、屈腕、提肘。其目的是将周身各部位关节松开,促使身肌放长,使旋腕能够顺利无阻地达到转折点,屈

图 3.137

腕反拿，化险为夷（图3.138、图3.139、图3.140）。正所谓：

身体上拔两界分，节节松弛劲紧跟。

松沉兼备无止境，优者被擒难占先。

此乃太极圆中理，万变不离柔中圆。

只要平时苦研练，强人反困如触电。

图3.138

**（六）闪惊侧肩解**

若彼顺缠拿我腕部，我则逆缠顺遂向外上旋，在周身放松、放长的前提下，以快速向右侧闪惊对方，继而俯身用侧肩靠击之，故曰闪惊侧肩解。

图3.139

具体的演练方法是：右臂平伸，继而内屈90°，然后腕部内屈向里下旋，在指尖逆缠下插的同时，胸内含与背上拔、气下沉相互呼应，继而不停地变逆缠向右外斜上引，掌心向右外，同时右脚前上，以脚尖点地（图3.141）。在右掌外引的同时，左手向右侧前上置于胸前，掌心向右协同右引合二归一。重心左移，继而再提起右脚前上。在右带左拍的一瞬间，上步出肩向彼右肋处发侧肩靠。此时彼被击，腾空而起，被拿之手不解自脱。但应注意的是，右手外引、左手向右与右步前上，只是一瞬间的过渡时期。随即双手闪带、上步、发肩同时

图3.140

图3.141

到位。也就是引、拍、上步、发击不得超过1秒，否则发击则拖泥带水，难得斩钉截铁、干脆利落（图3.142）。正所谓：

不拿梢节变中端，彼顺我逆意在先。
周身蓄合随势扬，上引下进谁能防。
闪惊之下突肩进，俯身一肩破铜墙。
招式虽是如此用，机动灵活胸中藏。

**（七）闪惊震掌解**

所谓闪，就是形容快速无比之意，发力时有迅雷不及掩耳之势。惊是在闪的前提下，使彼精神上受到一定刺激后，有散气移重心之感。所以闪与惊是相互不可分割的共同体，只有先在惊闪的前提下破坏了对方的重心后，然后才能乘破竹之势发震掌，故曰闪惊震掌解。

具体的演练方法是：如对方抓住我两臂中节，我则左脚向后先撤半步，身体下蹲，周身蓄合，双手随之变拳在身体两侧（图3.143）。渐而上提内屈180°左右，拳顶向上，眼视正前方。继而重心前移，两大臂直前进，以我中节先破彼梢节之劲，同时双拳变掌向两侧分开，掌心略向前上，两小指搭于对方两臂中

图3.142

图3.143

节，紧接着我周身顺缠发抖劲一圈（短劲）。同时双手也随之各在对方臂上划带，使对方惊悸之时失去重心，在精神和步法上未稳定时，我急速再上步向对方发掌击之。但要注意的是，在身体和双手发抖劲时，身体下蹲，双掌内收，然后上步、出掌同时到位，此劲要求疾速、刚猛（图3.144、图3.145）。正所谓：

撤步后退不为败，闭劲蓄合速度快。
梢节破中背拳理，屈臂扬掌劲皆分。
双肘内合手外开，千钧敌力难沾边。
周身发出闪惊劲，出掌顿步解脱完。

**（八）反拿促步解**

所谓反拿是反关节拿法之意，促步发击也可曰顿步。

具体的演练方法是：右脚提起，右臂随之内屈顺缠向身体右侧斜外伸，掌心向外，指尖斜上向前。然后身体下蹲，重心左移，身体侧向右倾蓄而合（图3.146）。继而再次提起右脚向侧前上步，在上步的同时左手由左向右伸，随着右脚落地，右手侧向前穿，左手拇指叉开向右侧发推掌。但应注意，此促步顿掌是侧向大倾斜身法，促步能增大爆发力，

图3.144

图3.145

图3.146

做到三劲合一而出，才能完整一气。演练者在练习时，身法由高渐低，由慢渐快，由长劲渐短劲，切莫急躁。只要持之以恒，定能积柔成刚，积刚成坚（图3.147）。正所谓：

图3.147

反拿关节侧身随，劲向下塌含屈伸。
彼将欲动我神会，周身无懈何须虑。
独木千斤站立稳，上下四旁抖精神。
俯身三劲一齐发，何愁抓手不自脱。

**（九）双手外分解**

图3.148

所谓双手外分解，是彼抓住我双腕后，我则两臂外分，达到解脱之目的。

具体的演练方法是：如右脚前上，同时两臂前伸，然后内屈90°左右，两掌心相对，眼视前方（图3.148）。然后双腕内折，掌心向内（图3.149），继而双手指向下插（图3.150），再变左逆右顺缠向身体两侧展开，抓手皆能自然解脱。但应注意的是，双手腕内折时吸气，下插时呼气、沉肩、坠肘、含胸、束肋，气往下沉。继而再吸气，待双掌向外展开时呼气。展开的程度可灵活多变，在运用时如对方双手未能解开，可再变双掌右顺左逆向上，此举可完全解脱。所以在演练时应双手下插，继而向两侧展开，

图3.149

图3.150

再由两侧回收到胸前变下插掌，反复练习（图 3.151）。正所谓：

双臂内含指下插，含胸束肋气沉丹。
抓住双腕不算巧，左顺右逆向外翻。
未能解脱手上抬，不松两臂似铁钳。
一开一合即解脱，双手抓腕化云烟。

图 3.151

第四章

# 太极养生增气功

## 一、太极养生增气功简介

太极养生增气功，是练好太极拳及太极推手的主要环节之一，又是固养先天，培育后天，促使气血流注鼓荡于皮，气降涌泉，使底盘稳固，周天畅通的有效措施。故陈鑫曰：根深叶茂，则枝叶自荣。

太极养生增气功与静气功相似。静气功是静中求动，太极养生增气功是动静兼修，除无极势外，都是以起伏、开合、掤、捋、挤、按四正手来统率整个功的。太极养生增气功具有气功加技击的特点，可视为高级活气功。

太极养生增气功可分为以下六种：无极桩、浑圆桩、开合桩、三体势、缠丝桩、五桩还原。此六种功，既可连续演练，又可单式分别练习。演练此功，除有保健、静养、技击、疗病的效果之外，对演练太极拳及太极推手也起一定的作用。太极养生增气功的爱好者，在各个不同形体姿势的情况下，应逐式去体会和研究各个功法要点，循序渐进，定有重效。

## 二、无极桩功演练法

### （一）姿势

**第一式**：两脚平行站立，与肩同宽，两臂在身体两侧自然松弛下垂，身体端正，二目闭合，然后逐渐睁开，平心静气，意守丹田（图4.1）。

图4.1

**第二式**：接上式，随着微细、慢长的呼吸，两手随两臂逐渐向两侧外展开，变右顺左逆缠与肩平，两掌斜向两侧下（图4.2）。

图4.2

**第三式**：接上式，小指领劲内扣与拇指相呼应，渐渐内收，向身体中线合拢，变双手叠盖于小腹处。男子左外右内，女子则反之（图4.3）。

图4.3

**要点**：双臂向外展开时要做到适中而止，过则会使气向上泛，足跟空虚，横气填胸，严重时会有胸闷等不良现象出现。但也不可太软，软气则发挥不到梢节，实而仍虚，力点不清晰，则为丢劲，所以在演练时必须细心体会。

### （二）对身体各部分的要求

（1）上节头顶百会穴向上领起，脖颈要自然竖直，大脑皮层和面部肌肉自然放松。

(2) 颈部以下，两肩关节骨缝松开，略下塌，两肘关节也随着沉肩下坠，同时胸内合，两肋微束，腰劲自然形成下塌，五脏六腑皆有合聚之意，则周身处于稳定状态。

(3) 下肢在中部各部位松弛的基础上，两胯也随着放松，臀部略上泛，提肛，两膝微下蹲，足五趾轻抓地，涌泉要空松，使浊气下降时能够顺利畅通。

**(三) 呼吸**

呼吸是站桩功最主要的内容之一，在桩功演练中应注意以下几个问题：

(1) 用鼻吸口呼，在吸气时要舌尖顶住上腭，呼气时将舌尖放下。因上腭是督脉之端，舌尖是任脉之始，所以每一吸一呼都必须通过任督二脉的触汇后，将舌尖放下，咽一口气随津液向下，越过中丹，注入下丹田。周而复始，反复演练，是促使大小周天畅通的重要环节之一。

(2) 吸气时胸腹部内收，气随着意念由会阴起，通过尾闾关顺脊逆行而上，越玉枕达百会。在气逆行向上时，身体略上升，背略上拔，周身关节、肌肤毫毛皆有欲开之意(但气向上逆行时拔背切不可过，过则气血上浮，有横气填胸之弊)。

(3) 呼气时身体略下降，周身各部位，包括五脏六腑皆有合拍之意，随着内气下降，含胸、塌腰、气归于丹田，但注意切莫用力压迫小腹，向外鼓荡则须自然。

(4) 通过以上各项的反复演练，其目的是扩大肺活量和锻炼腹部横膈肌，促使气布周身和以意导气，并使大小周天畅通。

**(四) 意念**

在太极养生增气功演练中，意离不开气，意想气随，气随形达。这是意、气、形三者不可分割的整体运动。

初学者由于对练功的姿势和其中的要点记不清，这时可以先不安排意气运动。待熟悉动作要点之后，这时脑子就空下来了，各种杂念便纷纷而来，无法做到心静，所以须按照功的程度来安排功法。

（1）在无极桩功中把意念活动有意识地集中到丹田上来，借此来排除各种杂念，即所谓“以一念代万念”。在桩功中，只有通过意念、意识、思维和思想感情等精神活动，才能使大脑皮层得到充分休息和调整，对各器官系统才能起到良好的促进作用。

（2）练功的关键是松静和意识集中，才能促使内气在意识的指导下，产生正常循环运动，从而达到周天畅通和技击应用之目的。但这都必须通过自己的勤奋学习，正确掌握要领，不急、不躁，才能逐步领悟。

## 三、浑圆桩功演练法

桩功，也有人叫“站桩”，是我国武术的一项重要基本功。武术界常说：“练拳不练功，老来一场空”，又曰：“练拳无桩步，房屋无顶柱”，这些话形象地指出了桩功的重要性。练拳不练桩功，就像宏伟的土木建筑没有牢固的地基一样。所以练习太极拳的人们除练拳之外，再加上练习桩功，进步就会更快。

### （一）姿势

**第一式**：开始站立姿势同前，然后重心右移，继而提起左脚向左外跨半步，两脚平行站立，比肩宽，两腿屈膝略蹲，要求头顶要平，颈要自然竖直，腰脊正直，上体保持与地面垂直，松肩、松腰、松胯、塌腰（图4.4）。

**第二式**：接上式，待左脚踏地时，两手由两侧分开，继而向中间合拢，坠肘后肘比肩略低些，做环抱大树状。两手指均匀张开、微弯，如半握球状，两掌心向内，手指相对，距离30厘米左右，两眼自然睁开或闭目均可。如睁开可平视，远眺一固定目标，闭目则意识守固丹田（图4.5）。

图4.4

图4.5

**（二）对身体各部分的要求**

（1）桩功调整。浑圆桩可以高、中、低三种身法演练，如老弱有病者，可练习高身法，时间上可先短渐而长。年轻体壮者可先高身法，后中身法，再低身法演练。初练时能坚持几分钟就行，然后逐渐增加练习时间，最好是开始先10～15分钟，然后增至30～40分钟，收效较好。一般来讲，刚练习和练习两周后，大小腿会出现酸、胀、痛的感觉，有时还会出现轻微颤动。这些细微颤动，用手抚摸或仔细观察腿部肌肉，才能发觉出来。继续站下去，在中身法或低身法练习中则颤抖即很明显。大腿上的肌肉会呈现出有节奏的抖动，整个身体也会随之有节奏地上下抖动。此时身法可略升高，然后再降低。只要坚持练习，经过一段时间的跳动，肌肉的耐劳能力和控制力增强后，跳动会变细微或停止。如再继续站下去，又可能会跳动，循环复始。

(2) 升降法。所谓升降即是上下起伏之意，在站桩时随着呼吸，身体进行起伏。如高身法时，先慢慢地吸一口气，然后在呼气时随着渐渐下蹲，直至臀部与膝盖平衡为止。吸气时要慢慢随身体同步而上，舌尖顶住上腭，将气由足跟拔起顺后腿而上，然后经任脉、鹊桥、督脉、尾闾关顺脊逆行而上，通玉枕达百会。在身体站立气达百会的一瞬间，意念和内劲在督脉终端与任脉始端融汇贯通，将舌尖放下咽一口气，随津液下注，通过中丹，注入下丹田。再随着细微慢长的呼气和身体同步向下蹲，气随两腿内侧下降达于涌泉，周而复始。

**(三)呼吸**

呼吸对桩功有一定的影响。桩功实质上是一种静力紧张性锻炼法，但静止是相对的。人体的重心，不像物体那么固定，而是依血液循环、呼吸和消化过程而移动，随时会产生一定的变化。吸气和呼气，对站桩影响较大。因而，站桩时身体的重心在一定范围内，经常不断地向各个方向微微摆动，这是练习过程中的正常现象。

浑圆桩功演练歌诀如下：

一升一降领气转，风吹欲倒身摇摆。
身如乘舟入大海，升如起飞落如雁。
上虚下实足抓地，遍体常有轻松感。
平踏振动悠悠然，足立平川势如山。

## 四、开合桩功演练法

开合桩的站立方法与宽度和浑圆桩相同，双臂前伸形状也相同。对身体各部位的要求和要领与前势皆相同。所不同的是，此势双手中指相接，双掌心向内，眼轻闭。

(一)开合桩的演练方法

**第一式**：吸气，两臂随着吸气逐渐向身体两侧外展开，在外开的同时，身体随着吸气略向上升，胸腹内收，五脏六腑俱开。肚脐与命门侧有合拍之意。两臂展开的距离，要先小后大。因开始站桩吸气较短，切不可勉强，在演练过程中逐渐自然加大吸气、舒张量，最后达到吸气、舒张所需位置为宜。但需要说明的是，在吸气外开时，意念中双掌心有向内吸气感，两手中指尖有一股气体如胶似漆地相连接，此时宜慢不宜快。

图4.6

**第二式**：接上式，呼气内合，呼气时身体随着下蹲，两肘下沉，双掌塌腕，两掌心成窝形，周身松弛，肚脐和命门脉向外鼓荡，含胸、塌腰、束肋、五脏俱蓄。在意念中，此时有一股气流从双掌心中放出，好像难以聚合一般，此时宜慢不宜快，逐渐有意识地引导气流向外放射。演练开合桩功，主要在于增加下肢的力量和促使肚脐及命门的收放功能，并使下盘稳固，也有助于练拳时松静掌握和呼吸的调整，对增长内气，促使气布周身有一定的积极作用（图4.6、图4.7、图4.8）。

图4.7

图4.8

### （二）心、意、气的关系

开合桩与内三合是直接关联的，所谓内三合，即心与意合，意与气合，气与力合。

（1）心与意合。是指思想上的念头和意识的实施取得一致，如双手向外开时，在思想上要确信气感在手，才能按照锻炼的要求起变化，收到良好的效果。

（2）意与气合。即以意行气，演练桩功时气随着自己的意念而活动。这里所谓气，是指出入肺部交换的新鲜空气和随着自己的意识在体内运行的内气。始而不觉，久之自能感到气随着自己呼吸的节奏在体内运行，这叫“中气内行”。

（3）气与力合。就是当“气”下降时，周身五脏六腑皆随之松弛，如“气”上升时，则周身五脏六腑要随之略紧缩，气与力的活动要配合一致。如要达到呼吸悠慢细匀的要求，必须使出柔和的力量才能和意志相得益彰。这里所说内脏的松紧，包括肋下隔肌、胸、腹、背等部位的肌肉及脏腑的活动，尤其是隔肌上下有规律地大幅度运动，在开合桩中占有重要地位，也是桩功中的主要要求之一。其主旨是通过靠意念调动肌肉的运动去刺激神经系统，形成条件反射，使那些不随意念运动的肌肉也在不同程度上活动起来，逐步达到随心所欲，内气在意念的引导下在体内沿着所需路线运行的目的。

## 五、三体式桩功演练法



三体式的核心内容是引进前按法。具体演练方法是：

**第一式**：两脚先平行站立，然后右脚向体前上一步，同时双手右前左后立掌竖于右腿上方，继而重心前移，左脚、右膝微外摆，裆开圆，成侧身弓步状态（图4.9）。此时先闭目做几分钟静养，意守丹田，然后睁开眼睛，远视前方一物体、树木、草坪即可。继而吸气，重心后移，在吸气时应注意眼睛内收，即内含吸感，两手劳宫穴内收，同时手指有抓气内收之形，肚脐与命门随着吸气内收相互合拍。吸气的长短，要求与移重心的速度相互配合。待重心完全移至左腿时，周身蓄合以成欲推之势，将吸进身体内的外界新鲜空气随着津液咽下，经中丹传入下丹田，稍加炼制，随着动作前移，再徐徐呼出（图4.10）。

图4.9

图4.10

**第二式**：在气注入下丹田的同时，周身腰劲下塌，要有欲开先合之意，在呼气、重心向前移动时，胸腰有一个折叠合劲，然后双掌再随着呼气，向前徐徐按出。周而复始，左右循环演练（图4.11）。还必须坚信桩功的要领——三心，三心指信心、决心、恒心，只有坚信桩功的好处，才能持之以恒。练功者树立三心，才能真正练好桩功，早日达到预期目的。

图4.11

练好桩功是练功者所关心的一件大事。相关的因素虽然很多，但树立三心是最重要的一环。只要主观努力，信心十足，坚信不移，下定决心，刻苦练习，每日不辍，持之以恒，就能收到自己预想的效果。反之，三心二意，半信半疑，犹豫不决，三天打鱼，两天晒网，就不会有理想的收效。在这里，信心是先决条件。有了信心，才能下决心，有了信心和决心，才能产生恒心。信心从何而来呢？信心来源于实践。初练桩功的人，由于练功时间短，感悟不出其中的奥妙，就持怀疑态度。待练一段时间后有一定收效，尝到了甜头后对桩功才会树立信心。此后可能还会再次反复，再克服困难，信心就会更足了。总之，要求练功人在练功初期就先树立起三心，以后再经过长期的实践和研究，多次反复后，才能真正牢固地把三心树立起来。

## 六、缠丝桩功演练法

演练缠丝桩功产生的缠丝劲是陈式太极拳的核心内容。所谓缠丝桩，是在桩功的基础上，运用缠丝劲兼施并练之意。

**(一)缠丝桩功的演练方法**

**动作一**：先出右脚向体前上一步，重心前移，在右脚前上时双手同时右前左后向前伸展吸气，此势和三体势出手不同的是，双手外掤成欲捋之势。右手指向左，左手指向右，双掌心皆向正前方，此时胸隔肌舒张，以腰为界，上下形成对拉之势，这样既不失上掤劲，又可做到下盘稳固（图4.12)。

**动作二**：接上式，右脚蹬地，松左胯，重心左移，双手随着移动变半握拳，左逆右顺缠向下，在移重心的整个过程中，都要沉肩、坠肘、转腰、旋背、拧裆。待左手捋到身体中线时，两臂开始放松，吸气，身体略下蹲，在下蹲的同时左手在腹前顺缠转一小圈。在左手旋转的过程中，右手内合与左手相交，左里右外，咽一口气随津液而下，经中丹注入下丹田。此时周身内外正好蓄合，形似欲开待发之势（图4.13）。

图4.12

**动作三**：接上式，松右胯给左胯，重心逐渐向右移动，双拳随移重心变掌，右前左后掌心向里，随着移重心呼气渐渐向前掤、挤而出。待掤、挤到一定位置时，再变成向前搭手势，周而复始，左右循环兼练（注：所谓掤、挤，其中有两种含义，侧向为挤，正向为掤，图4.14）。

图4.13

**(二)缠丝桩功的自然呼吸和目的**

（1）在桩功的演练过程中，一定要做到呼吸自然，长短相宜，才有技击收效和利于身体健康。有的人在桩功中不加注意，呼长吸短，或者呼短吸长，都是不正确的。呼长吸短者为“阴盛”，呼短吸长者为“阳足”，二者均不适宜。只有出入气息长短相等才是正确的。所以，练桩功的最基本原则就是有意的自然呼吸和意念上的技击配合，才能不会产生偏差和副作用。

图4.14

（2）掌握好自然呼吸的基本要领后，应加大呼吸量，对呼吸深长应该进一步严格要求。成人的正常呼吸是每分钟16～20次（一呼一吸为一次），练太极桩功经过一段时间后，可以逐渐把呼吸变成慢长。例如，每分钟7～10次，渐而进一步每分钟5次，甚至可以减少到每分钟2次或1次。

深呼吸的目的是为了促使肺部每个小细胞都全部参加活动，进而扩大肺呼吸量，使外来的新鲜空气与肺小泡毛细血管加大接触面积，以便有利于二氧化碳的交换，促进身体的新陈代谢功能。

（3）意气兼修，周身贯通。太极桩功达到相当的程度后，就会感到全身重点关节气脉一次贯通，这是桩功初步成功的表现。但这种现象是功夫长期积累的结果，不是几天或短时期能达到的。所谓关节气脉全通，在桩功术语中叫做“任督二脉相通”。中医有“奇经八脉之说”，任督就是其中八脉中的二个。任脉起于舌尖，经丹田至会阴，接督脉；督脉自会阴经尾闾关、夹骨关、玉枕关，通达百会，然后沿两耳平颊旁而至上腭，与舌尖相接，将气下注丹田，此为阴阳循环一小周天。

（4）大周天是建立在小周天之上的，只是气息延伸到下肢。大周天气是由足下涌泉拔起，顺两腿后侧而上，所经路线同小周天。只是气归丹田后顺两腿内侧而下降至涌泉为一大周天。具体的演练方法皆同小周天，所不同的只是呼吸更加悠、缓、细、匀，吸气时更加安静，绵绵深长。总之，对呼吸的要求更严格，全身放松，百脉皆开，五官内敛，意气按运行路线运行。



## 七、五桩还原演练法

五桩还原又叫收功，五桩还原的具体演练方法是：待第五动缠丝桩双臂向外挪挤完毕时，双目闭合吸气。

**动作一**：重心渐渐移于左腿，继而收回右脚，两脚间的距离与两肩同宽，在脚回收的同时，双臂随之内收，两手叠置于腹前。然后将气随津液咽下，渐沉入中丹，注入下丹田，稍加敛养后再徐徐吐出（图4.15）。

图4.15

**动作二**：接上式，继而吸气，同时双臂由两手拇指领劲向身体两侧分开，双手指尖斜下，掌心向外（图4.16）。继而小指领劲，然后双臂由两侧向上抬起，变双手指尖朝上，两掌心相对。此时周身在放松的基础上，全身略向上提，使周身各部位关节张开（图4.17）。然后双掌再变拳，随着身体下降，双拳落于两耳旁，渐至两肩前侧。在身体下降的同时，将气和津液咽下，注入下丹田（图4.18）。

图4.16

**动作三**：接上式，身体继续下蹲，双拳变掌，随着身体下蹲，两掌向两侧随着呼气，渐渐向两腿外侧徐徐下按，到呼气完毕时下按止（图4.19）。然后再吸气，身体渐渐向上，继续向两侧分开，再向上抬，周而复始，连续做6次为宜。收功完毕后将舌尖离开上腭，再慢慢睁开眼睛，两手合掌摩擦加热。之后可分别

图4.17

在面部、颈部、胸部等周身各部摩擦一遍，通过摩擦加热，达到松筋活络、筋肌放长、增加内气生成之目的(图4.20)。

图4.18

图4.19

图4.20

# 第五章

# 臀裆训练

## 一、臀部训练

太极拳对臀部的要求十分严格，要求做到尾闾中正，收泛自然，以免在运动中臀部左右乱扭或向后过于凸出，使臀部失去自然上泛和下垂的状态。

有些初学太极拳的人，有时故意把臀部内收或有意上泛，这是不正确的表现。如前收过度，姿势会显得既不美观，又僵硬呆板，不仅破坏了身体的中正自然，对自然呼吸也有一定的影响，严重地破坏了周身上下气的流通，而且对下肢的重心稳固也有一定的影响。

练拳和推手中的收臀或泛臀都须根据具体情况而定，决不能千篇一律，呆板死守。如走架子拦扎衣一式，在周身关节和肌肉放松、气沉丹田时，臀部应当自然略上泛，腰部下塌，气才能畅通无阻地下降至丹田。如果这时臀部前收过度，势必影响塌腰和气下降，气便不可能由两腿分股下降至涌泉穴。换言之，如在推手时对方捋我，我先松沉而后发背靠，这时必须收臀，因发劲时劲起于脚跟，形于腿，达于所需之力点。这时臀如上泛，就会影响发击气专注一方，不便于转化催发。但是收臀也是在一刹那之间，继而将气松降下来。因背靠只是一合一开，像闪电一样的反弹性发力动作，开合只在一秒之内完成，所以在气上行发力的同时，先含胸屈膝下蹲，继而利用脚蹬地的反弹力来助长身体和气劲上行催发的爆发力。这时若没有收臀协助，发力则不速，气下降也不速，不速气易拥于胸表，对于下盘稳固和身体健康皆无益。演练者在练习过程中应多加思考，反复实验。若不能正确掌握臀的演练方法及注意事项，就不可能把练拳和推手引导到正确的轨道上来。

## 二、裆部训练

所谓裆，是指两胯根部。若要开裆，两腿根必须松开撑圆，腰胯才能旋转自如。如果胯部呆板，旋转则不灵活，在练拳和推手中，势必受到影响。裆的开合，虚实变换，直接关系到演练者全身的灵活性和重心、速度的变换；裆的沉稳有力，关系着演练者的体力和耐力的发挥；裆劲的虚实变换也是调整动作的进退、快慢的尺度，增强爆发力的关键。在练拳或推手中掌握好裆劲和姿势，有利于腰腿的虚实灵活，下盘稳固，增强功夫。所以，无论是练拳或推手，在不得机、不得势时，皆由腰裆调之。陈鑫说：“灵机一动鸟难飞”。这就是说腰裆的开合是助长发力的关键，裆合时周身则合为之引，裆开时周身则开为之放。由此可见，裆在练拳或推手时，是蓄、合、引、放之首。虽对裆的要求比较严格，但对提肛也不可不加重视，在这里简略阐述，望加以注意。在很久以前，人们就认识到肛门和会阴部分是人体比较薄弱的环节之一。在人类脱离四肢爬行，发展到起立行走后，会阴软组织对腹内脏器承托负担加重，而且静脉血回流到心脏较为困难。因此，古代人们提出“地门长闭”（指经常锻炼收缩肛门）的观点是极其可贵的，主张采用积极的锻炼方法来改变人体的这一薄弱环节。但在太极拳运动中对肛门的收缩一定要自然微收，决不可向上硬提，若硬上提，气则上逆。自然上提对于痔疮、脱肛、子宫脱垂等疾病治疗效果显著。为使演练者在练拳或推手中能够正常运用提肛，掌握裆的正确姿势，下面对圆裆、顶裆、尖裆、膛裆作一简单介绍。

**(一)圆裆**

圆裆是指开裆贵圆，无论步法是三七开或四六开（两腿承担身体重量的比例)，裆必须开圆，如单鞭一式，陈式太极拳老架套路是三七分，就是十分重量，左腿担负七成重量，右腿三成。要求左实腿，膝下竖直，关节上下对齐，右腿根放松，膝外摆，于裆内扣构成开合劲。这时腿膝外进但裆即内合，腿部的支撑力才能达到支撑八面，裆才能达到“开中寓合”、“合中寓开”、“开裆贵圆”之目的。开裆贵圆能使下盘稳固坚实，无论是左旋右转，都能达到转关灵活。

**(二)顶裆**



所谓顶裆，就是指一腿顶住不放松之意，这是初学者所犯的通病。例如单鞭一式，在成势将终时右膝应外摆，裆根放松，右腿外进，随身体下蹲而渐渐下沉，在外摆的同时促使裆开圆，达到两腿劲能支撑八面。但顶裆则相反，有的人在初练时不知松胯，一直把右腿根顶得紧紧的。你如果强调他放松，他就把身体下蹲，把身体重量三七开分成改为四六开或五五开分成，马步往下蹲，这就谈不上什么开合裆劲了。在教学当中，应改变一下老式的传统教法。以前的传统教法是把一套拳一招一式练完之后，不管正确与否，让演练者自己慢慢地去体会其中的道理。太极拳在各个时期的练习方法有所不同，应当在初学时尽量减少那些错误练法。一般来讲，老师身边的徒弟较多，学习成绩有好有坏。这是由人的接受能力和个人的先天条件、下功夫的多少等原因造成的，而不是老师有偏见之过。在徒弟中有些人热衷于教帮别人，不用老师说话他即可一招一式地往下教。他的做法是想让老师多休息，出发点是好的。学者也感到学得很起劲，记得清，学得速度快，满心欢喜。常言道，教拳容易改拳难。由于开始学的动作不规范，练习时间长了再去改正就特别困难。因他对练习的错误动作在思想上已根深蒂固，你再把他纠正到正确的道路上来，他感到十分别扭，顶着裆练习还自感舒适，久而不能改正，这就是顶裆形成的原因。演练者在学习中应多加注意。

**（三）尖裆**

何谓尖裆，就是两胯根紧而不松，裆成A字形，在练拳和推手中裆又不下塌，更谈不上圆裆。弓步也不明显，在步法上产生不稳固现象，上重下轻，左右摇摆，立脚不稳。这对年老体弱者单练，从健身方面着想还是可以的。如对青年人，要求上进、求技击是不行的。有的人也不是不想把裆拉开、低塌，而遇着两腿不舒服，有酸痛之感，唯恐练出毛病，站立得很高，变成尖裆，久而自然，自感舒服。这样长期练下去是不行的，练习太极拳下肢分清虚实是必然的。由于身体的重量大部或全部经常由一腿负担，而且腿还要弯曲下去，此一式过渡到另一式的变化很缓慢，时间拉得又很长，因此增大了下肢肌肉的负荷。对于初学太极拳的人来讲，腿上产生酸痛是难免的，长时间练习长拳的人感受更深。开始练习太极拳感到两腿酸痛，如果自己没有耐力，就学不好太极拳。这好像久练太极拳，刚开始学习推手一样，通过双方的一场拼搏，当时只觉得两臂和腿有点酸，等稍加休息后马上就感到周身肌肉酸痛。这是由于没有通过大运动量训练，局部毛细血管拉伤造成的。此时不要怕苦，只要坚持长时期的锻炼，身体变强壮，血液循环改善，增大肺活量后，肌肉的酸痛就会渐渐减轻。即使运动量大些，肌肉酸痛也会减轻，而且恢复得也比较快。所产生的这些问题，都是生理上的正常现象，待练习到一定程度之后，这种情况就会自然而然地消失。所以，在学习太极拳和推手时要把裆拉开，开裆贵圆，不要怕吃苦，不要怕痛，防止尖裆在练拳和推手中出现。

**（四）膛裆**

所谓膛裆，就是把两腿开得太大，超越了练拳重心分成、低裆下塌的极限，两腿前进后退，左旋右转不灵，失去了自然的弹性为膛裆（也叫塌裆，这里所指的塌裆并不是自然下塌，而是倒塌之意）。我们知道，太极拳是一项全身运动，周身在放松的基础上，能够得到全面的锻炼。它不但适合于不同年龄、体质和性别的人练习，也适合长期从事脑力劳动和体力劳动的人练习。但是练习的方法必须得当，开始时身体应由小而渐渐放大，这和练习太极招式开始时有所不同。太极招式是由大而小，由小而渐无（极小的意思），但对裆开的要求应该是开始先高一些，渐而放大。但是练推手不能有膛裆出现，如果长期膛裆练习，对膝关节有害无益。前面已经讲过，由于在练拳时，两腿的负荷较大，如把架式拉得很低，两腿的负荷更为加重，肌肉经常处于紧张状态，渐而使腿部血液循环不良，特别是对膝关节各组织内的神经带来很大刺激，使腿部的肌肉中血液得不到供应和改善。如果长期膛裆练习，就会发现腿沉重和膝关节痛。当然在演练中也会有个别动作出现这样的大身法，但这不能说整个套路都是这样。例如斜行中的七寸靠，这一动要肩离地面七寸为宜，但这时腿部的重压只在一瞬间就过去了，可及时得到恢复，所以这样的练法是可以采用的。总之，膛裆在练拳和推手中长期出现，对健康和技击有害而无益。要做到始而小，渐而大，适宜身体条件和健身技击要求，以不伤害身体为准则。

## 第六章

# 陈式太极拳推手的种类及手型、步型、手法、步法

## 一、推手的种类

陈式太极拳推手有八种之多，这里只介绍通常采用的八种推手手法及简单用法。因推手中的双方进招变化是相辅相成的，由攻变守，然后再由守变攻，如甲方肩靠进招，乙方可先按劲然后用肩靠迎之。乙方如进迎门靠，则甲方可用胸靠反击。总之，其变化无穷，千言难述其妙，爱好者可知其一二，举一反三，深入研究，逐渐掌握其奥妙与规律。

陈式太极拳推手分单手挽花、双手挽花、立圆和平圆、合步（定步）进一退一（顺步）大捋、乱采花以及进三退三、进五退五等。

其手法有单推手、双推手、旋腕与切掌。定步为掤、捋、挤、按四正手。顺步和大捋为采、挒、肘、靠四隅手，运动中四正手也随时可出正变隅手，隅手也可随方就圆，切不可呆板。但初学者可先遵照规则练习。

其步法有定步、活步、连进连退、连环左右旋转、插步、双脚并步、独立步、点步等。

## 二、推手中的手型

### （一）立掌

一臂侧向平伸，屈臂内合约45°，掌心向内。四指靠拢，指根节放松略有内合之意，拇指紧贴四指略内合，使掌心形成略窝形，五指皆朝上竖起。立掌在推手中应用于开始搭手，或双方互被捋后提脚后退时，时而变为立掌。但此种手法在运动中是不停留的，多用于乱采花中顺逆旋转逼压，滚拴搭扫时应用也较多（图6.1）。

图6.1

### （二）切掌

一掌外沿直向下或略向前下切为切掌。切掌时要随着身法下蹲、含胸、塌腰、沉肩、坠肘、坐腕、松指一气呵成，劲才能直达掌外沿，力点才能清晰（图6.2）。

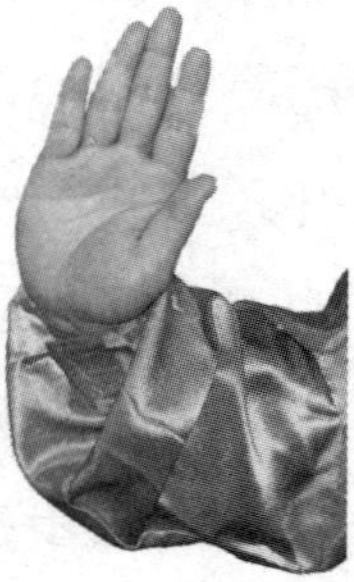

图6.2

### （三）瓦垄掌

一般用于顺缠引进较多，如单手挽花搭手后，向下和向外旋转时，小指逐渐领劲内扣与拇指相呼应。其余三指略向外翻，使掌心变成瓦垄形。另外，如彼捋我时，我随着彼动顺缠手向前上穿掌时此掌变为瓦垄形掌。瓦垄掌掌形好像房上的瓦一样，两边高，中间低（图6.3）。

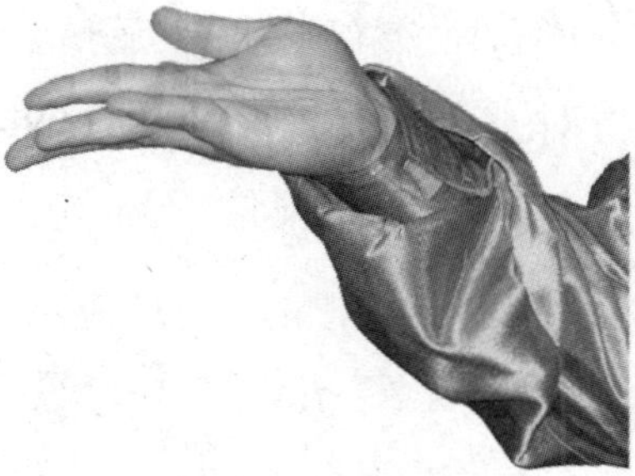
图6.3

**（四）斜托掌**

所谓斜托掌就是不上不下隅角托出。斜托掌如双方单手平圆旋转时，一方领着彼顺缠而内旋至身体出手一侧时，由顺变逆的一瞬间为斜托掌。另外，在大捋的过程中，搭在大臂中节的手，虽是劲搭掌根，但掌形是斜托掌(图6.4)。

图6.4

**（五）插掌**

所谓插掌就是五指微并拢向上、向下或斜下直插，插掌分上插、下插、斜插。插掌在推手中应用比较广泛：其一，在双手立圆旋转时，双手下插，然后外分为插掌；其二，四正手彼捋我时，我被捋一手先向下插顺缠，然后随沉肩坠肘，逐渐挤向对方，此种手法为斜上插；其三，顺步；其四，乱采花插掌皆同四正手用法（图6.5）。

图6.5

**（六）八字手**

拇指和食指叉开后形成八字形，故曰八字手。此种手法多用于擒拿和单推手平圆之中。如我领着彼手顺缠至胸前时，彼按住我手，我即用中指、无名指、小指螺旋蜷曲，拇指和食指正好形成八字形，随着松腰向外旋转，以八字手法将对方劲力化空。运用这种手法具有力点清晰，滚动灵敏之特点（图6.6）。

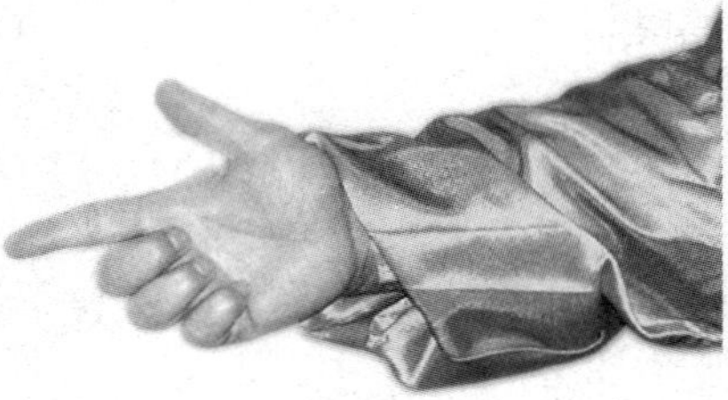

图6.6

## 三、推手中的步型

### （一）前弓步

要求全脚着地，脚尖微内扣，两腿屈膝半蹲，大腿接近水平，膝略内扣，与脚尖基本垂直。另一条腿屈中求直，膝盖微外翻，有支撑八面之意。脚尖向里微扣斜向前，脚掌全面着地，涌泉穴要空，裆形成开中寓合（图6.7）。

图6.7

### （二）后坐步

是由顺步推手过程中前弓腿重心后移形成的。待重心完全移于后腿时，前腿略蹬直，两脚平踏于地，后弓腿膝盖略超出脚尖，五指抓地，涌穴要空，稳固好重心，这样在运动中另一条腿才能顺利地提起（图6.8）。

图6.8

### （三）前点步

这里是指脚后跟点于地上，脚尖翘起约45°。前点步在推手中运用较为广泛：其一，如平圆推手，对方将一臂或一手按到身上任何部位，我即重心后移走化，在重心后移走化的过程中，前脚尖可翘起，此时脚后跟自然点地，故曰点步；其二，顺步、大捋、乱采花等皆用前点步（图6.9）。

图6.9

**（四）后点步**

适用于顺步、大捋、乱采花三种推手之中。如对方捋我后，我即重心后移，继而提前脚向身后撤步，此时须脚尖先点地，然后脚掌、脚后跟踏平着地，故曰脚向后撤点地时为后点步（图6.10）。

图6.10

**（五）仆步**

仆步在推手中只应用于大捋之中，如彼大身法捋我时，我则大身法铺地，弓腿大步基本贴近地面，形成仆步状，故曰仆步（图6.11）。

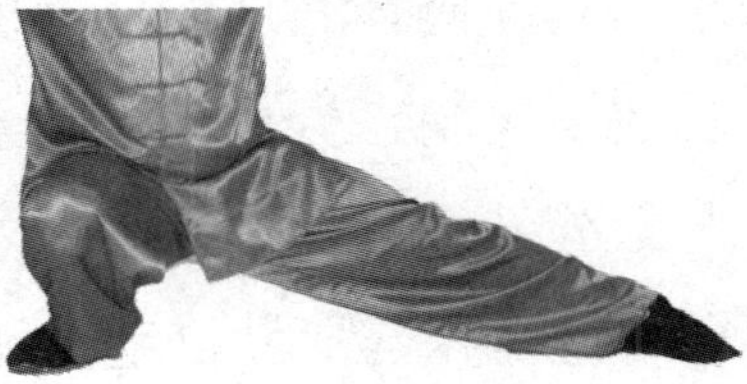

图6.11

**（六）独立步**

它适应于顺步、大捋、乱采花之中。在运动中无论是前进还是后退撤步，一只脚提起，则另一只脚属独立步（图6.12）。

图6.12

## 四、推手中的手法

**（一）顺缠**

所谓顺缠是螺旋缠丝之意。顺缠是

由外向内旋转，是以小指领劲由外向内旋转，小指在内含时与拇指相呼应，其余三指略有外翻之意。顺缠丝的缠法是以手随肘，以肘随肩，以肩随腰，达到顺缠引进之目的。但是有时顺缠也会突然隅手发击，有时也有顺引顺击，如背折靠一招,彼捋我时即顺缠合劲挤进,在挤的过程中我可发靠于彼，此叫顺挤顺发。总之，在运动中要看方位、角度灵活运用，手法不可呆板（图6.13）。

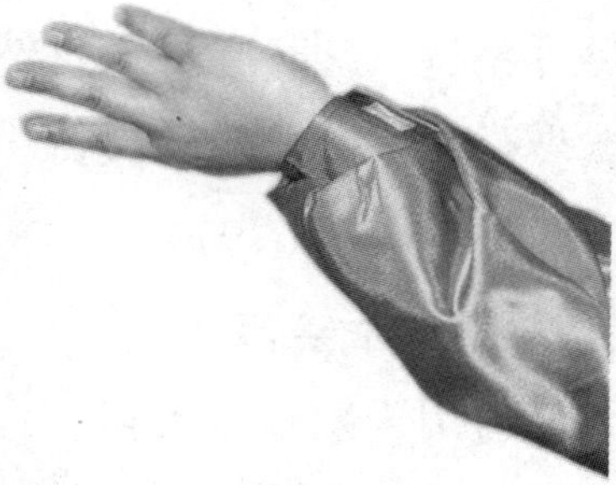

图6.13

**（二）逆缠**

逆是顺的反面，所以可叫逆行外缠丝。其劲主开。逆缠时以拇指内合领住小指相呼应，其余三指略外翻。缠丝法劲起于脚跟，行于腿，缠于腰肩，经肩胛骨缝入骨髓，然后再由内形于外至两臂，达手指与肌肤毫毛，顺缠归原。逆缠外开时以腰催肩，以肩催肘，以肘带手（图6.14）。

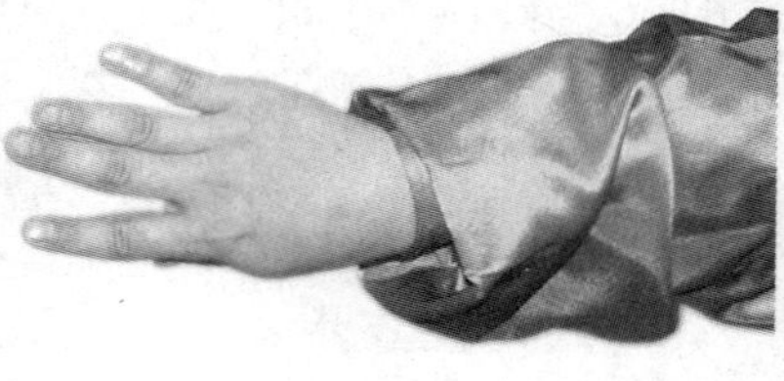

图6.14

**（三）顺逆坐腕**

是在先顺缠接着变逆缠的过程中逐渐坐腕。如单手平圆旋转时，我先出右手领对方顺缠向我左侧转,变逆缠下落,直至由左下旋到我右肋处变八字手之前皆为坐腕。坐腕时力点在掌根，但应注意坐腕时随身体下蹲，只有含胸、塌腰、沉肩、坠肘密切配合好，才能达到坐腕清晰（图6.15）。

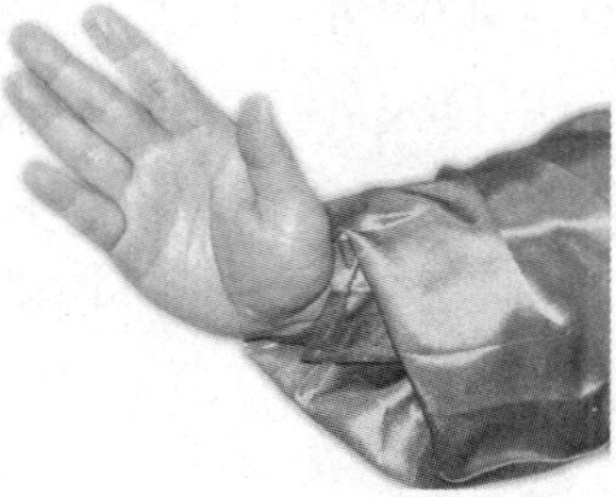

图6.15

**（四）刁腕**

多用于逆缠变顺缠的一瞬间，由顺变刁手。刁手是先由小指、无名指、中指向下垂直的同时腕部内合，使三指与腕部构成合劲。拇指与食指成八字手法。此种刁腕手法有两种作用：其一，自己练拳的功夫不深，与彼在推手中收不到沾粘效果，时有相互脱离丢劲之错，故轻刁住对方让其随着己动，逐渐锻炼“听劲”和“沾粘劲”。如在单手平圆旋转时，我以右臂前伸，以逆缠向身体右侧旋转，待旋转至90°时变顺缠刁住对方手腕，随即可拿住对方。其二，在四正手法或四隅手法中，凡出现双方有捋的时候皆有此种刁腕手法出现（图6.16）。

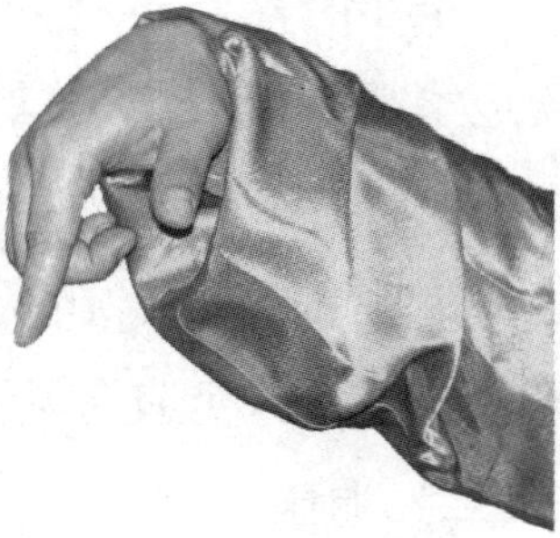

图6.16

**（五）顺缠扬掌**

有里扬和外扬两种，多用于四正手推手和四隅手推手之中。其一，如彼捋我右臂，我先逆缠松插，然后顺缠挤进，手随挤进顺缠上扬，此时掌心向里上，故曰为里扬掌。其二，如我领着对方向后撤步时，我逆缠先起掌将对方领起才有隙可乘，但我却是开中有屈，屈中有张，此时掌心向外上，故此属外扬掌。总之，无论里扬或外扬都须与周身相配合，因扬是开，所以开中必须身合，这是相辅相成的，演练者在实践中务须留心（图6.17）。

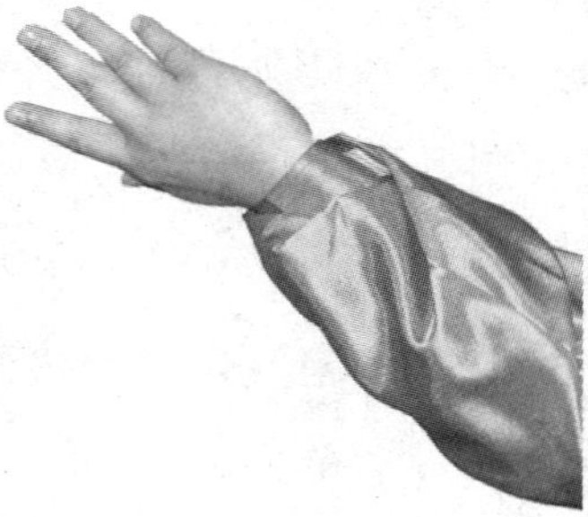

图6.17

## 五、推手中的步法

### （一）上步

上步是指演练者抬起一脚向前迈出踏地。上步时屈膝下蹲，五指抓地，然后欲迈之腿才能轻灵地向前迈出。发步时犹如灵猫扑鼠，先蓄而后发，出脚时要轻灵，有探听之意，脚后跟先着地，然后逐渐踏平，方可有备无患（图6.18）。

图6.18

### （二）退步

指一条腿向后弧线退出或连续后退。退步时实腿屈膝下蹲，蹲的程度如何，根据退步的大小而定。大步后退，身法就须下蹲低一些，若退小步可高一些。只有掌握好这些要领，欲退之腿才能轻灵地向后退出。但这些都要根据每个人的身体状况而定，因人而宜，不可勉强（图6.19）。

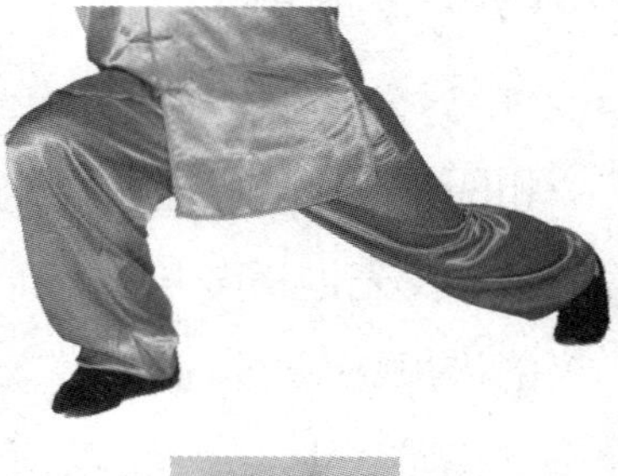

图6.19

### （三）跟步

跟步也可叫垫步，也就是一步探不着，二步用不完，跟一小步（或曰垫一小步）方为合适。跟步在推手中应用于四正手、大捋、乱采花之中。此跟步（垫步）的主要目的是为了更加靠近对方，在技击应用时不易让对方跑掉。但应注意跟步（垫步）是在对方不知不觉中完成的。这在推手中称为迭法。所以古人云：推手要想达深妙，不懂迭法枉徒劳。由此可以看出，在推手时运用跟步尤为重要（图6.20）。

图6.20

# 第七章

# 单人推手演练法

## 一、单人推手简介

单人推手是不进行对抗性实战的一种单独演练形式，对提高动作灵敏和周身反应能力都有积极的推动作用。它既能演练身法速度，又能锻炼技击能力。在身法方面始而高，渐而中，再而低，但也应根据自身条件而定，不可千篇一律。在速度上始而慢，渐而快，再而疾。在这方面应注意对不同的演练方法，做到慢而不滞，快而不散，疾而不乱。换言之，就是慢练的时候不要呆滞丢劲；快练的时候不要忘记周身内外六合，变得散乱无主；疾的时候要做到周身上下一致，不丢不顶，圆转自如，一动周身无有不动，一静周身百骸皆随。在单人推手中要以意念贯穿始终，两肩胛骨松开，不可呆板僵直，做到机动灵活，随势而动。在意念旋转中如亲临抵敌之境，此起彼伏，此伏彼起，上下一线贯穿，才能增进锻炼兴趣。总之，只有在单人推手时练得周身圆活顺达，灵活多变，在双人对抗性推手时才能得心应手。演练者应多思久练，领会真谛。

## 二、单人单手平圆挽花演练法

（1）要求立正姿势站立，两脚微外摆，略成八字形，双臂自然下垂，两手贴于两边裤缝。顶劲自然上领，颈竖直，眼视前方（图 7.1）。

图 7.1

（2）接上式，松胯屈膝，身体随之微微下蹲，渐渐重心移于左腿，脚五趾抓地，涌泉穴要空，右腿随着重心左移松胯提膝，脚尖略下垂，此时形成了左腿独立式（图 7.2）。

图 7.2

（3）接上式，顶劲领起，左腿继续松胯屈膝下蹲，胸微内含，小腹微内收，独立步才能稳固好重心，另一条腿才能轻灵向前迈出。在重心左移、屈膝下蹲的同时，右脚向右前方迈出，脚后跟逐渐着地，脚尖翘起，落地时要注意轻灵，有探听之意，以免踏空。只有这样在平时养成习惯，在双人推手时才能进退灵活自如（图 7.3）。

图 7.3

（4）接上式，重心渐渐移至右腿，成右弓步，在重心前移的同时，右臂随移重心向右前方伸出，然后内屈45°左右，此时沉肩、坠肘、塌腕，扬指成立掌。在右手前伸的同时，左手上起叉于腰间，拇指在后，四指在前。在以后的运动中，左肘尖与右手做到相互配合，互相呼应（图7.4）。

图7.4

（5）接上式，在意念中我以右手领住对方，向身体左侧顺缠旋转约90°。在顺缠旋转中松左胯，右脚内侧蹬地，重心向左慢慢移动，在左移的过程中，右膝盖随手向内旋转，与右手的旋转速度一致（图7.5）。

图7.5

（6）接上式，由顺缠变逆缠，继续向左外划弧约90°时，掌斜下至左肋前，掌心向下，手腕内折约45°，四指随小指外缠与肘相呼应。右肱骨横于腹前，肘关节处肱骨略外掤，与小指相呼应，这种手法主要是适应走化，下势滚动灵敏。在右手左旋下引的过程中，重心完全移于左腿，此时左膝微内扣，其目的是为扩大走化范围。在这种身法的情况下，右脚既可平踏，也可将脚尖翘起（图7.6）。

图7.6

（7）接上式，小指领劲继续外缠，直至掌心向上，拇指和食指成八字形为止。在小指外缠的同时，身体微下蹲，胸微内扣合，继而松右裆，右肱骨随腰向右旋转，一齐向右滚动。待右手滚到右肋前止。但应注意，右手随腰向外滚动时，拇指和食指外侧为着力点。将对方按在我小臂或手上的着力点，在腰脊的协同带动下，把彼劲引向我身体右侧化出（图7.7）。

图7.7

（8）接上式，右手由顺缠变逆缠向身体右侧划弧，约行至90°时，掌心向前下。在顺逆变换旋转的同时，重心由左向右移，此时右膝略外摆，螺旋前进（图7.8）。

图7.8

（9）接上式，由逆缠变顺缠，再略向前伸，然后向左划弧，转到原搭手位置，掌和屈臂、弓腿都和原来起点搭手相同。在此360°的旋转中，手法变换为顺、逆、顺、逆、顺。也就是三顺缠二逆缠。最后以顺缠结尾。翻过来旋转时和向左旋转方式一样，只是手法不同，逆、顺、逆、顺、逆，是三逆缠二顺缠，以逆缠结尾。这样左右旋转相等，周而复始，即可运转。但要注意，在整个平圆旋转过程中，都是以腰为轴心来带动手臂旋转，手领住劲，松腰肩，活手腕，重心前后随动而动。整体连贯相互呼应（上欲动而下自随之，下欲动而上自领之，上下动而中部应之，中部动而上下合之)。总之，在演练过程中，要求逐渐达到一静无有不静，一动百骸皆随，周身一家，浑然一圆。注意，右边练习感到累时，可换左脚，出左手，旋转方法皆同于右侧（图7.9)。

图7.9

## 三、单人单手立圆挽花演练法

单手立圆的步法，重心的前后移动并不十分明显，基本上始终以后腿为主，因单手立圆是上下左右两侧旋转，在转动时只略微移动重心即可，在松肩、旋腕的情况下，主要是依靠腰肩的带动为主，达到立圆的旋转自如，来锻炼周身的缠丝劲及技击与听劲。但在旋转中身法起伏与手的翻转幅度可逐渐加大，对增加运动量较好，但也须因人而异。

（1）重心先控制在左腿，然后迈出右脚，脚后跟先着地，逐渐踏平。右臂前伸可高于头顶，内屈45°左右，左手叉于腰间。左腿微屈下蹲，气向下降，眼视前方（图7.10)。

图7.10

（2）接上式，松左胯，身体左转，

右手顺缠由上然后向左划弧约90°，掌心斜向后上，略带引进之意。需要说明的是，单手立圆不是直上直下，而是隅角形的立圆，所以有引进之意，眼斜视右掌心（图7.11）。

图7.11

（3）接上式，由顺变逆缠，向下、向右上方划弧约180°，再变顺缠90°回归到原来搭手位置（图7.12）。

图7.12

如反转时先逆向右侧划弧90°，然后再顺缠向下再向左外划弧180°，掌心向左外，指尖斜上，继而再逆缠弧线向上90°回归到原来搭手位置。但要注意，单人单手立圆是在腰脊的带动下，随着身体的上下大幅度的旋转，即可左右轮流练习。

## 四、单人双手平圆挽花演练法

图7.13

（1）立正姿势站立，身体中正安舒，二目平视正前方（图7.13）。

（2）接上式，两臂上抬内屈90°，掌心相对，重心渐渐移至左腿，同时提起右脚，脚尖自然下垂（图7.14）。

图7.14

（3）接上式，左腿屈膝下蹲，继而

右脚向右前方迈出，在右脚向前迈出的同时，双手竖掌于腹前，周身蓄合，形似蓄而待发之势（图7.15）。

图7.15

（4）接上式，松右胯给左胯，重心渐渐前移，在移重心的同时，两手向体前发推掌（注意：发推掌时，由下向上斜线推出），双掌推到所需位置止，身体切莫前探，否则有失势之危（图7.16）。

图7.16

（5）接上式，两手徐徐向身体两侧分开，外分时重心渐渐后移（外分时意念中有双掌刁住彼双腕之意，图7.17）。

（6）接上式，重心继续后移，在向后移重心的同时，两手向身体两侧划圆，然后竖掌落于腹前，此势同动作3。继而再松右胯给左胯，双手向前斜线推出，周而复始。

## 五、单人双手立圆挽花演练法

图7.17

双手立圆挽花，无论两手由内向上然后向外旋转，还是由外向内然后向下旋转，都是一顺一逆一周。两手从身体两侧向前而没有斜上是逆缠，然后向两侧继续逆缠外分。下落划弧于身体两侧时继续逆缠外分。下落划弧于身体两侧与肩平时顺缠向上划弧，然后再顺缠下落至两肋前。总之，无论是由里向外分，还是由外向里分，都是先逆后顺一周。重心由里向外分时移前腿，向下合时移后腿，无论外转内转皆如此。

（1）预备姿势要求与前立圆动作相同，提右脚向前上半步，两手由身体两侧徐徐内屈90°提起与腰平，两掌心相对，指尖朝前。在两手提起的同时，含胸、塌腰、沉肩、坠肘，气向下沉，左脚五趾轻轻抓地，眼视前方（图7.18）。

图7.18

（2）接上式，两手顺缠徐徐交叉，左手搭于右手腕内侧交叉向前出手，双掌心向里。双掌向前伸时意念上要有双手向前上托之意，先托后交，在前托的同时，左脚蹬地，重心前移，胸继续内含，背微张，双肘微内收，劲方能顺利地到达双掌外沿内侧（图7.19）。

图7.19

（3）接上式，双掌由顺缠变逆缠弧线向上高于头顶，掌心向前。然后再逆缠先上，继而向身体两侧划弧分开，两手落到基本与肩相平。在上分的同时，重心向前移动，完全移于右腿。但应注意，两手向外开时，先胸，然后肩、大臂、小臂、手，向两侧挒击，两臂犹如双开弓，久练方能有意劲达之（图 7.20）。

图 7.20

（4）接上式，两手在身体两侧左逆缠、右顺缠，弧线向下，落于小腹两侧外，两掌心相对，双掌指尖有下插之形。但注意刁指方法与前平圆刁指方法相同，只是平圆与立圆之别，故可参考平圆刁指法。在顺缠下旋的同时，重心完全移于左腿，周身随两臂下旋而蓄合，以待再开。然后两手继续先顺缠斜上交叉，与前欲分时的交叉相同，继而上升外分，周而复始。或左右两腿更换，双手正反旋转即可（图 7.21）。

图 7.21



## 六、单人合步推手演练法

合步四正手的单人演练法，是建立在掤、捋、挤、按四正手基础上的。演练时应视无人当有人。周身处处开张，求得旋转自然圆活，手、眼、身法、步法要做到默契配合，运转时须有实战观念。但应注意用意不用力方为合适。

（1）立正姿势站立，基本要点与单推手要点相同。重心逐渐移左腿，提起右脚向前迈出，脚后跟先着地，然后重心由左向右移，右脚渐渐踏平。在移重心的同时，右臂向右侧前方伸出，然后内屈45°，随之左手横向伸出搭于右大臂中节，右掌心向里，左掌心向前，拇指在下，小指在上，左臂有外掤之意，内侧撑圆，眼视右前方（图7.22）。

图7.22

（2）接上式，松右胯，身体右转，重心先左后右，右臂沉肩坠肘，右手顺缠略向内折腕，待右手顺缠到掌心略向里变成挤劲时，左手也变逆缠向里。此时左臂协助右臂一齐向右前挤出（图7.23）。

图7.23

（3）接上式，双手逆缠上抬，左先右后。左手上提时，在意念中要有接住彼手概念，继而上掤，然后复捋，同时右手随之以掌外沿搭于对方大臂肘关节外（此也皆属于意念）。然后再协同左手徐徐向我身体左侧捋去，待右手捋至右乳房前止。在捋的过程中，松左胯，重心左移，眼视右手前（图7.24）。

图7.24

（4）接上式，松右胯，重心随上动而右移，身体右转。在身体右转的同时，左手有意识地将对方之手由左向下按，继而外拨，待左手下按的同时，右手略逆缠并有向外拨送之意（图7.25）。

（5）接上式，左手由拨变上提，然后协同右手一齐向前按，两掌心相对，两手相距约33厘米，以双掌外沿为着力点。此时重心向前移至右腿，眼视前方。左手按过后速回收搭于右大臂中节（同前开始搭手势），然后周而复始旋转，左右皆同。如果更换左脚在前，则右手掤，左手将协助右捋。挤的时候更换左肩挤，按的时候更换右手协助左手前按。

图7.25

注意：在运动中掤和按都是在一瞬间的过渡动作（图7.26）。

图7.26

## 七、单人顺步推手演练法

顺步推手的基本步法是一进一退，手法是掤、捋、挤、按四正手。在演练中每四手推过一圈为一进一退，进者为挤、按，退者为掤、捋。

（1）我先出右脚，然后重心前移，在重心前移的同时，两手以掌外沿一齐向身体右侧前方按击，在做按劲时左脚内侧偏重蹬地，腰劲下塌，含胸塌腰，沉肩坠肘，催两手前进，眼视右前方（图7.27）。

图7.27

（2）接上式，按击后，左手逐渐回

收搭于右大臂中节，拇指在下，掌心向前。同时右手直接逆缠略下插，右肘略上翻，重心左移，右脚提起，脚尖下垂（肘上翻有欲开先合、蓄而待发之意）。但要注意，气切不可上浮（图7.28）。

图7.28

（3）接上式，左腿下蹲，右脚前伸，至合适位置为止，然后身体随重心前移，右手顺缠向上，以肩臂循序向前挤出（图7.29）。

图7.29

（4）接上式，挤后松左胯，重心向左移，同时右手逆缠上领，在右手上领时，右脚提起向身后倒步，先以脚尖着地，逐渐踏实。在右手上提的同时，左手先下后上经左划弧向前，与右手构成捋状，眼视右前方（图7.30）。

（5）接上式，松左胯，重心左移，在意念中将对方右手向身体左侧送出（图7.31）。然后速抬起，协同左手一齐向身

图7.30

图7.31

体左侧前按，按时以双掌外沿为着力点，眼视左前方（图 7.32）。

（6）接上式，右手前按只是一瞬间的防御过程，然后速逆缠收回，搭于左大臂中节，拇指在下，掌心向前（右手左搭也是一瞬间的动作，继而变捋，眼视左侧，图 7.33）。

（7）接上式，左手先逆缠、后顺缠，向左下，然后向下划一圈，螺旋抬起竖掌，与右手构成捋状，两手相距约33厘米。但搭手欲捋时，周身以腰为界，上下形成对拉之势，眼视左前（图 7.34）。

（8）接上式，右脚提起，先向右后退一小步，然后重心右移。在移重心的同时，身体逐渐下蹲，双手随之由左向右捋，待左手捋到身体中线时止，眼视左前方（图 7.35）。

（9）接上式，身体逐渐上起，重心

图 7.32

图 7.33

图 7.34

图 7.35

渐渐移向左腿。在左移的同时，右脚蹬地向前上步，同时，右手随右脚前伸，然后内屈45°于身体右侧前方。在上右步伸右臂的同时，左手以拇指在下搭于右大臂上，然后重心略向右移，眼视右前方（图7.36）。

图7.36

（10）接上式，重心继续右移，在右移的同时，右臂松沉向前挤出。但值得注意的是，挤进时腰劲下塌，先左后右，眼视右前（图7.37）。

图7.37

（11）接上式，松左胯，重心左移，在两臂向前挤毕的一瞬间，速变右手在前左手在后，一齐向身体左侧捋，待右手捋到右乳房前止，眼视右前方（图7.38）。

（12）接上式，松右胯，重心右移，在重心右移的同时，左手由上向下捋，然后向右外拨（在意念中是把捋对方的手向右外拨出），眼视右侧（图7.39）。

图7.38

图7.39

（13）接上式，左手向右外拨之后，速提起手向前按劲。此后手法同前顺步推手按劲，翻右肘手下插，提右脚及右步前上发挤劲皆相同，然后再提右脚向后退步，周而复始（图 7.40）。

图 7.40

## 八、单人大捋推手演练法

大捋是建立在四正手掤、捋、挤、按基础上的，然后发挥四隅手采、挒、肘、靠的技击作用，这也是实习演练技击运动的方法，通过这些演练，最后达到技击归真之目的。

大捋中的掤、捋、挤、按步法循环过程和顺步相同（上下步），只是大捋的步法幅度较大。在大身法演练的前提下，去实习采、挒、肘、靠实非易事，只有具有练习太极拳的良好基础和单人演练达到纯熟后才能逐渐运用。否则大身法往下一蹲，周身皆变得僵直，岂能击人，反把自己置于呆板受制之地，不击自溃。故初学者要按照推手理论要求去做，先练拳，然后练单人五种推手法。待懂得基本手法和步法后，再去练习单人推手、合步、顺步、大捋、乱采花等。

练习太极拳和读书一样，只有循序渐进，才能真正领悟太极拳和推手的理论。否则，功不少费，力没少出，到头来却一事无成。在这里对大捋不再重复，只作两张大捋身法图，供读者参考。一是我捋彼的大仆步图，二是彼捋我的大前弓步图，其他和顺步皆同（图7.41、图7.42）。

图7.41

## 九、单人乱采花推手演练法

图7.42

乱采花又曰散步，或曰花脚步。其有不拘方向，旋转时灵活多变的特点。乱采花也是建立在掤、采、挤、按基础上的，同样是在双方一上一下中来完成四正手的。在乱采花推手训练中，应注意以下几点：

（1）身法和步法要以小巧玲珑、敏捷为基础，在上步时随彼的方向变化而灵活旋转，以踮小步（跟步）来随时调整自己的方向和角度，才能紧紧地沾粘住对方，使其不能逃脱，也不至于出现丢顶现象。踮步如图7.43所示。

图7.43

（2）由于步法小、速度快，在四正

手的循环旋转中，应适当把两臂旋转轨迹收小，进而来适应手法变化及步法上的旋转。但不能只求快，以免在推手中出现丢顶和散乱不成章法的旋转现象。应做到快而不乱，轻而不浮，浮而不飘，沉而不僵。

（3）乱采花是双方随彼动而转动，相互听劲，得机得势，诱敌深入来探知彼的过错，从而使自己受到技击实践锻炼。在乱采花推手击技实践中，应以轻灵逼压、上拢下提为主要探知方法，使对方随时出现身体倾斜或被动挨打局面，使彼自不知之为巧妙，反复实践，进行知己知彼的迭法练习。迭法是极难做到的，只有在实践中渐渐去体会方可渐而晓之。其步法和手法与顺步大捋皆同，只是身法高低不同。

# 第八章

# 双人推手演练法

## 一、双人推手简介

双人推手是相对于单人推手而言的。双人推手有对练、对抗的特点。

练双人推手要注意互相配合，注意不同阶段采用不同的训练方法。首先，刚开始演练时速度要慢，逐渐变快；二是姿势由高而中而低；三是动作由简单到复杂；四是由散手逐步达到沾、粘、连、随。

双人推手因为是两人对练，所以对手的选择比较重要，如果条件允许，最好选择与自己功夫差不多的人练。但如果想进步得快些，当然还是找技术熟练的人更好。如果双方技术都比较熟练，对练起来非常美观，有“生命健美操”美誉。然而，推手毕竟不是“体操”，除了娱乐、保健功能之外，更有技击和搏斗因素，所以必须注意集中精力，随势而动，如江河奔流，一泻千里。如果说单人推手是“以无人当有人”，那么双人推手的妙境是“以有人当无人”，圆活自如，滴水不漏。

双人推手是太极拳推手的精华部分，在以后的各节中有详细介绍，望读者刻苦演练，掌握要领。

## 二、双人单手平圆挽花演练法

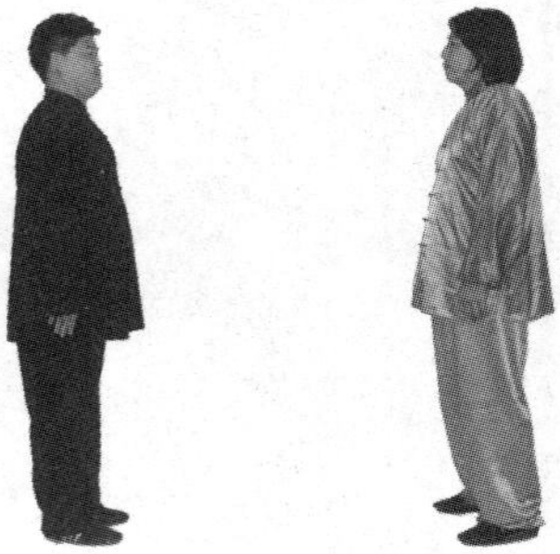

图8.1

**动作一**：甲（穿浅色衣服者由长子王占海担任，下同）乙（穿深色衣服者由徒弟张保忠担任，下同）双方面对而立，成立正姿势，身体要端正，两脚尖微外摆略带八字形，双臂自然下垂。两人站距应以两人各自伸臂两拳相接为宜。双方各视前方（图8.1）。

图8.2

**动作二**：接上式，甲乙双方同出右脚，逐渐变前弓步，两脚之间要留10厘米距离。在出脚的同时，双方右臂立掌前伸，以鼻中为界。两手立掌，手背互靠，指高与鼻平，双方视两手。在右掌前伸时，左手叉于腰间，也可随身体转动自动旋转（图8.2）。

图8.3

**动作三**：接上式，甲方领着乙方由中线起，逐渐向甲方左侧划90°弧，继而继续逆缠90°落于甲方小腹前。在双方划弧时，甲方重心后移，身体微下蹲，成合劲。乙方重心继续前移，成单手按劲，双方眼看着手（图8.3）。

**动作四**：接上式，甲方松右胯，顺

缠向右外划90°弧，变逆缠90°到乙方腹前位置止。在甲方向右侧划弧的同时，乙方重心逐渐后移，手随着甲方划弧，然后引着甲方至腹前。可周而复始地运转（图8.4）。

图8.4

## 三、双人单手立圆挽花演练法

图8.5

**动作一**：单手立圆的预备姿势与单手平圆相同，所不同的是搭手位置较高，具体要领这里不再重述（图8.5）。

**动作二**：接上式，双方搭好手后甲方顺缠领着乙方先上然后向左侧划90°弧。上起时双方同时身体向上起，继而再逆缠向下划90°弧时双方身体下蹲，待划到小腹前搭手上下垂直时止，此时双方眼视前方（图8.6）。

图8.6

**动作三**：接上式，甲方松右胯，身体右转，甲方逐渐逆缠领着乙方向身体右侧划90°弧，然后再顺缠向上划90°弧，回归到原来搭手位置，甲方向右侧划弧时乙方松左跨随着甲方右旋转。眼视甲方右侧，然后甲方再顺缠、还原（图8.7）。

图8.7

# 四、双人双手平圆挽花演练法

图8.8

**动作一**：甲乙双方以立正姿势面对而立。然后甲乙双方同时出右脚，脚跟着地，脚尖可翘起，重心在左腿。逐渐踏平成前弓步。甲方提起双手竖于胸前。乙方出双手前探，搭于甲方两手外侧。此时双方皆有欲攻待守之意，但双方搭手时各自腰劲下塌，含胸束肋，沉肩坠肘，眼视正前方（图8.8）。

图8.9

**动作二**：接上式，甲方松右胯，重心继续前移，在移重心的同时，双掌逆缠前按至乙方胸前约20厘米处止。甲按时乙方听着彼劲，重心逐渐由前向后略移，扩大甲的按距。在后移重心的同时，乙方两手顺缠，以小指轻轻刁挂甲方腕部，以防甲的突然进攻，紧紧沾着甲方，连随不断地将双手缠收至胸前（图8.9）。

图8.10

**动作三**：接上式，甲方先按后分，继续逆缠，以双掌外沿将乙方两手向身体两侧分开与肩平。在甲方外分时，乙方听着甲的按劲和分劲的速度快慢，紧紧连随着向两侧展开。注意在展开时舒胸（图8.10）。

**动作四**：接上式，甲方变顺缠向内划弧，重心后移，在划弧时以小指刁住乙方双腕部至身体两侧。在甲方划弧时乙方随着甲方旋转，重心随着划弧前移，成弓步。然后双方回归到原来位置（图8.11）。

图8.11

## 五、双人双手立圆挽花演练法

**动作一**：甲乙双方面对而立，然后同出右脚变前弓步，双方两脚内侧相对，间距10厘米左右，同出双手立掌在体前相交，乙方双手搭在甲方两手外侧，手高于眼，双方眼视前方（图8.12）。

图8.12

**动作二**：接上式，甲方逆缠，重心前移，领着乙方先向上后向外划立圆，待分到身体两侧与肩平时止。此时乙方随着甲方舒胸外开，重心逐渐后移，双方两眼左顾右盼（图8.13）。

图8.13

**动作三**：接上式，甲方变顺缠，以小指轻刁着乙方双腕，向下划弧至小腹前（甲方向外，乙方向内），在顺缠划弧时重心逐渐略后移。乙方随着向下旋转时，重心逐渐前移成前弓步，双方眼视前方（图8.14）。

图8.14

**动作四**：接上式，甲方继续顺缠，两手交叉于胸前，双掌心向内，两手指斜上向两侧上，身体下蹲有欲合复开之势。乙方紧紧随着甲方听其变化，将重心继续前移，双方眼视前方。然后甲方逆缠外分复原，周而复始。

注意：甲方分乙，乙方分甲，皆同，甲乙轮流循环。

## 六、双人合步推手演练法

**动作一**：合步推手的步法与前双手立圆步法相同。甲乙双方同出右脚，两脚内侧相对，两脚相距 10 厘米左右。以脚跟着地，逐渐踏平，双方重心在左腿，继而略右移，然后各出右手在体前以两手背相交，眼视前方（图 8.15）。

图8.15

**动作二**：接上式，甲方重心前移，右手顺缠随身体略左转，同时左手搭于右大臂中节处，掌心向外，拇指在下，双臂构成外掤劲。乙方随甲方同时出左手搭于甲方右大臂，右手将甲方右手略下按，然后前上按着甲方左小臂，此时乙方左右两手构成按劲（图 8.16）。

图8.16

**动作三**：接上式，甲方接着乙方左手向上掤，同时右手由下向上搭于乙方左大臂中节处，然后逐渐由掤向左边复捋。此时松左胯，重心略左移。乙方在甲掤时迅速收回右按手，搭于自己右大臂中节处（图 8.17）。

图8.17

**动作四**：接上式，乙方向甲方挤去。甲方在乙方挤的同时将捋乙方之手向下按，然后迅速前上按着乙方右大臂中节处，与左手同时构成按劲，重心前移。此时乙方由按变掤(图8.18)。继而乙方将甲方左手上掤,然后复捋,甲方将按手收回，搭在自己右大臂处，还原，周而复始。

图8.18

## 七、双人顺步推手演练法

**动作一**：双方立正姿势站立，甲方出右脚继而变前弓步。同时右臂前伸内屈45°，继而左手提起搭于右大臂中节，掌心向前外。在甲方出右脚的同时，乙方上左脚踏于甲方右腿外侧，两膝相靠（甲内乙外），同时右手与甲方右手外侧相交，左手搭于甲方右大臂中节，与甲方左手相交，双方互视（图 8.19）。

图8.19

**动作二**：接上式，甲方松右胯，身体右转，重心略右移，两手变双顺缠，逐渐向外掤。甲方身体右转时，乙方重心继续前移，变双按劲。双方眼视侧前方（图8.20）。

图8.20

**动作三**：接上式，甲方先松左胯，重心左移，同时左臂沉肩、坠肘、提手，将乙方左手向上掤起，在左手上掤的同时，右手搭于乙方左大臂中节处，然后与右手构成捋势（先掤后捋，掤势在瞬间变捋势）。乙方在甲方变捋势的同时，重心继续前移，然后右手收回搭于左大臂中节，速向甲方变挤劲。双方眼视侧前方，蓄而待动（图8.21）。

图8.21

**动作四**：接上式，甲方松右胯，身体略右转，同时将乙方的左手向下按至小腹前，继而向右外拨，然后左手迅速提起前上，按到乙方右臂中节，与右手构成欲按之势。乙方在甲方下按时，左手由下再向上掤住甲方右大臂，右手与甲方右手相接，此时乙方构成外掤劲，双方眼视侧方（图8.22）。

图8.22

**动作五**：接上式，乙方左脚蹬地，松右胯，重心右移，同时两手随身体右转一齐将彼右臂向右侧捋去，待左手捋到身体中线时止。甲方待乙方欲捋时重心先左移，然后迅速将右脚提起，继而向前迈出，随着乙方捋劲，将肩和大臂一齐向乙方胸前挤出。但挤进时要做到上下相随，根据乙方的捋劲“刚柔”、快慢而定，适可而止。切不可速快过界，过则不及，转换不灵，反遭灾殃（图8.23）。

图8.23

**动作六**：接上式，甲方挤后重心后移于左腿，同时右手变逆缠领着乙方向身后倒步，右脚落地时脚尖先着地，逐渐踏平。右手上领时，左手前上搭于乙方右大臂，双手构成掤捋势。在甲方欲提手倒步的同时，乙方松左胯，重心左移，继而提起右脚随甲方上领向前上步，踏于甲方左腿内侧，双方两膝相接，同时左手搭于右大臂中节，掌心向外，与右臂构成挤劲，双方眼视侧方（图8.24）。

图8.24

副图8.24

**动作七**：接上式，甲方松左胯，身体略左转，重心略左移，将乙方右手先下按，继而向左外拨，然后提起右手前按，与左手构成按劲。在甲方下按的同时，乙方两手顺缠逐渐外掤，重心逐渐右移。双方眼视侧前方（图8.25）。

图8.25

**动作八**：接上式，乙方松左胯，重心左移，同时左臂沉肩、坠肘、提手，将甲方左手向上掤起，在左手上掤的同时，右手搭于甲方右大臂中节处，然后与左手构成捋势（乙方先掤后捋也是在瞬间由掤变捋的）。甲方在乙方变捋势的同时，重心继续前移，然后右手收回搭于左大臂中节，速向乙方变挤劲。双方眼视侧前方（图8.26）。

图8.26

**动作九**：接上式，双方旋转，乙方松右胯，身体略右转，同时将甲方的左手向下按至小腹前，继而向右外拨，然后左手速提起前上按在甲方右臂中节，与右手构成欲按姿势。甲方在乙方下按时，左手向下再向上，掤住乙方右大臂，右手与乙方右手相接，此时甲两臂构成外掤劲。双方眼视侧方（图8.27）。

图8.27

副图8.27

**动作十**：接上式，双方不停地运转。甲方左脚蹬地，松右胯，重心右移，同时两手随身体右转，一起将乙方右臂向右侧捋去，待左手捋到身体中线时止。乙方待甲方欲捋时，先将重心左移，然后速将右脚提起，继而向前迈出，随着甲方捋劲，将肩和大臂一齐向甲方胸前挤出。但在挤进时要达到周身上下相随，根据彼捋快慢、刚柔而定，适可而止。我守我疆，莫要失界，过则不及，转换不灵，反遭灾殃（图8.28）。

**动作十一**：接上式，乙方挤后重

心后移于左腿，同时右手变逆缠领着甲方向身后倒步，右脚落地时脚尖先着地，逐渐踏平。在手上领时，左手前上搭于甲方右大臂，双手构成捋势。在乙方欲提手倒步的同时，甲方松左胯，重心左移，继而提起右脚随乙方上领向前上步，踏于乙方左腿内侧，双方两膝相接，同时左手搭于右大臂中节，掌心向外，与右臂构成挤劲。双方目视侧前方。此势与前顺步推手相同。下边的旋转方法与动作七、动作八、动作九、动作十相同，回归到乙方捋、甲方挤。周而复始，每人一进一退步，正好完成掤、捋、挤、按四正手。

图8.28

副图8.28

## 八、双人大捋推手演练法

双人大捋推手法，是陈式太极拳推手的第四种方法，它是建立在顺步推手基础上的另一种方法。在一进一退中将身法运动幅度加大，要求双方均一条腿屈而下蹲，另一条腿向前伸展，以小腿肚着地。在这种低身法“四正手”演练中，再加入“四隅手”——采、挒、肘、靠来反复实践练习，从而达到增强下盘稳固和腿部力量的目的。在低身法技击应用情况下，仍不影响技击的妙用，也不失其变化及灵活性，所以大身法的演练尤为重要。大捋是在四正手法的基础上，加大了身法（图8.29），其他可参阅顺步的方法。

图8.29

## 九、双人乱采花推手演练法

乱采花，也称花脚步。这种推法，在手法上是采用四正手法，在步法上基本是采用上下步。但乱采花在手法和步法的应用上是灵活多变的，在运动旋转中采用轻灵巧妙的手法。上拢下提，使对方在不知不觉之中处于被动局面，并以搭扫、滚拴、逼压等手法来迫使对方处于被动挨打地位。所谓搭是搭住对方的手，有互靠之意。扫是扫除之意，就是与对方搭手之后，所接触之臂左右横扫，使彼摸不着自己的劲在何处，寻不着中心何在。滚拴是建立在搭扫基础上的，在搭扫的前提下，顺逆、上下、左右滚动，缠绕滑空对方。拴是在运动中有一小臂横于彼胸前，像门栓一样闭门不开，使彼不能接近我身。在此基础上，进行对彼逼压，达到使其只有招架之功，没有还手之力。在游斗中或肘，或靠，乘虚而击。若不击，可先探听己彼的功夫差距，只有知己知彼，才能百战百胜。在步法上应与手法做到默契配合，根据对方的变化速度、方向、角度、步法的大小，随时给予准确的判断。上步时要不断地踮小步，使自己处于主动地位。踮步时步法要轻灵敏捷，与上拢下提相配合。上步时一手轻轻拢住对方，另一手轻轻上提，这两股劲实是合二为一股劲，切不可视之为二。在轻灵的提拢中不断改变对方的中正手法，使其在不知不觉中陷入被动。这在推手中是一种迭法，只有在实践中才能逐渐体会应用，决非一日之功。总之，若彼退一步，我可以二步或三步上之，直至方向、角度、身法、手法达到彼背我利为宜。这就是花脚步双方演练的主要方法及目的（图8.30、图8.31、图8.32）。

图8.30

图8.31

图8.32

## 附 录

# 金牌背后恩师情

一晃，我跟从王西安老师习拳已九年有余。九年间，恩师言传身教，与我情同父子，每每回忆起与恩师相处的点点滴滴，都有许多感慨，但提起笔，却又不知如何尽言。

九年前，当我怯懦而又好奇地随母亲从焦作来到温县陈家沟一同拜见恩师时，仅仅八岁的我根本没有意识到，这位高大魁梧、有着爽朗笑声的年近六旬老人，改变了自己一生的理想与命运。

那时的恩师早已是享誉世界的陈式太极拳“四大金刚”之一，仰慕其盛名而从其学拳者众多，国内国外的各年龄段的人都有，因忙碌于世界各地传拳，恩师很少有时间留在温县。也许是想磨炼我的意志，也许是忙于写作，第一次见我，恩师只简单问了一些情况，便安排我住进他的学校陈家沟武术院。说实话，自小在城市长大的我对陌生的集体生活真有些吃不消，尤其当时正值酷暑，常常练上片刻便汗流浃背，衣服湿得能拧出水来，累得晚上连饭也吃不下。但看着武术院里许多学员认真习拳的身影，我也暗下决心，一定不能让恩师对我失望。几天训练下来，我的全身被晒得黝黑，父母见状很是心疼，但我却咬牙坚持下来，并学会了老架一路。也许正因为我的这些韧劲，恩师对我开始有些关注，并嘱咐我，每天要练10遍拳。“我要练30遍！” 我突然大胆地回应了一句。“为啥要练30遍呀？”恩师笑盈盈地问。我立即抢着答：“书上说陈发科老师小时候每天练拳30遍，后来才成为一代宗师。”恩师听后爽朗地笑了，说了句：孺子可教！

这句话，颇让母亲自豪和欣慰，便恳求恩师收我为徒，恩师欣然应允。就这样，上小学二年级的我便有幸师从陈式太极拳大师王西安，成为他当年最小的弟子。每个周末，我都会坐车从焦作到陈家沟学拳。现在想来，当年走入师门应该是自己人生最重要的一个转折点，太极拳讲究口传身授，特别对于初学者来说，能拜一个好老师是极大的幸事，并可免走许多弯路。然而对于我，还意味着从此拥有了享用不尽的师爱。

练习太极拳，动作规范至关重要。每到周末，只要恩师有空，都会逐招逐式给弟子做示范讲解，手该如何转，脚该如何走，身该如何转，眼该如何视，劲该如何合，耐心而细致。然后恩师在一旁细观，督促我们练习。若发现我们中有谁动作不对，便随时予以纠正，有时一个动作反反复复要纠正很多次，恩师的严厉会令我们有些战战兢兢。

太极拳中有个动作叫“六封四闭”，记得我当时练了很长时间，却怎么都做不好，恩师也有些诧异。一次，我在练习这个动作时，恩师便在一旁静观。当时的我个子低，恩师站着看了半天，后又蹲着再看，反复几次，他惬意地笑了，对我说，你要结合腰裆劲才行。恩师这一“蹲”着细观，问题便迎刃而解，这也让我对恩师的敬业精神肃然起敬。

我对恩师的严谨作风更有体会。“舞花竖刀翻身砍”这一招，须双手紧握刀把，跃身翻跟头而过，我感觉自己翻的跟头已够高了，可恩师还是嫌低。后来，他索性再舞刀演示翻跟头。看着年近六旬的恩师，我忙接过刀，劝他爱惜身体，但恩师却认真地说：“我授拳都偷懒不到位，你怎么能练到位啊！老师必须以身示教，否则，学生难以更快地领悟其中奥妙。”

这番话让我铭记至今，也使我对“老师”这两个字有了更深的理解，练起拳来，再也不敢有丝毫懈怠。正因恩师对弟子的这份认真和负责，无形催我更刻苦练拳，唯恐展示学习成果时，看不到恩师的笑容和赞许。

书上说，师者，传道、授业、解惑也。而在我看来，恩师这些年不仅教授了我拳术、拳理，更重要的是教会了我做人的道理。2000年，我首次参加第一届中国焦作国际太极拳年会比赛。为了让我的表演更富有观赏性，恩师依据我练拳的特点精心编排了套路，经编排后的套路动作能充分展示出太极功夫迅、猛、灵、脆、爆发力强、前柔后刚的特点。这一次，我不负众望获得了优秀奖。赛后，恩师拍拍我的脑袋，连连称赞说：“不错不错！”从这一次起，我开始频频参加比赛，先后在“第二届亚太武术交流会”、“全国推新人大赛”、“郑州首届世界传统武术节”等十余场大型赛事中屡屡夺魁，几乎逢赛必夺金牌。就在我对自己的成绩颇感满意时，却在2005年温县第十届太极拳、剑比赛中拿了个少儿男子陈式太极拳第二名。我当时颇不服气地对恩师抱怨：裁判不公！满以为恩师会像以前一样对我的表演给予赞许，没想到他听完我的抱怨脸色严肃起来，郑重地对我说：都说名师出高徒，但名师未必手下都是高徒，老师再用心，徒弟不努力，也练不成高手啊，这次你拿了第二名，只能说明你的功夫练得还不够，练拳应该意起、神往、形随方能有情有景，你的拳意在拳先，意识不够，还须更多努力。《太极拳谱》记述，学太极拳不可满，满则招损。能谦则虚心受教，人谁不乐告之以善哉！以后一定记着学拳要不骄纵、不自满！

说完这些，恩师点了支烟，缓慢了口气，语重心长地讲道：太极拳修身养性，学拳讲究宜以德为先，所以，要想练好太极拳，就必须先学会做人，只有做好人，才可能练好拳。你还小，学拳的路漫长一生，慢慢你才能体会到我今天这番话的用意。你要记得，学太极拳必须学会“大善”，心怀苍生；其次，要戒骄戒躁，虚怀若谷；第三，要学会充实自己，锻炼毅力和增强顽强不息的精神……看似平静一番话，让我听后顿觉站立不安，羞愧难当。从那以后，每当我再拿到金牌，都暗自告诫自己牢记师训：谦者益，骄者败。每一次拿到的奖牌，不过是人生路上一块铺路石子而已。

和恩师交往的拳师，都说他性格粗犷豪放，但对弟子们的细心照顾却常常令人感慨、感动。前年，我需赴京参加比赛，为了不耽误学习，我比其他队员晚一天，由父亲陪同连夜赴京。那天下火车时，外面正是瓢泼大雨，当我在雨中看着恩师亲自来接我们时，不觉心中阵阵暖流涌起。

一日为师，终身为父；师之所教，受用无穷。而恩师给我的爱亦是无穷的啊！



这些年，恩师虽然早已享誉世界，但他却始终像一个认真的学生，在世界各地辛苦传拳之际，总是忙里偷闲自己写书出书，亲自动手编写有关陈家沟及历代拳师的奇闻轶事，常常在灯下一写就是通宵达旦。恩师虽没有受过高等的教育，但无论是他的书法还是他独特的拳理拳悟，都备受无数太极拳爱好者的推崇，恩师是用身体力行默默为我们弟子树立人生的榜样啊！

在自己的网站最初建立时，我执意在首页最上方写上一句话：金牌背后，流淌着恩师的心血！这真的是发自肺腑的一句话，而这简单的一句话，又怎能和恩师多年来对我的爱相比！

后来，恩师亲自在网站上为我写下一篇文章，其中写道：“太极拳作为中华武苑的一支古老奇葩，让我一生学之不尽，受益无穷，也正由此，它才相传世代，并受到全世界的关爱。所以，无论作为长辈还是老师，我都希望申思能持之以恒，戒骄戒躁，将太极拳的发扬和传播作为毕生的事业去坚守，无论碰到什么困难和阻力，都不能退却。

‘阳光’总让人联想到希望和温暖，联想到‘光芒四射’。在太极拳广播世界的今天，我希望我的弟子申思能有着阳光一样健康的体魄和心态，有着阳光一样美好的未来，并通过毕生的努力，让太极拳的光泽惠及更多的世人。

我想申思一定能做得到，因为这些年来，他一直淌着汗水一路掌声走到今天，二十多枚金牌就是最好的证明……”

恩师的殷殷期望，都在字里行间，而恩师多年无言大爱，也永远留在我心里，让我一生感恩，催我一生奋进，引导我像恩师一样，毕生为太极事业的传承竭尽全力。

遇见恩师，是我一生的幸运，一生的财富。我记得有本书上写过一句话：师者，即命运。我非常赞同，因为拜入师门，幸遇恩师，让我走进一个魅力异常的太极世界，给了我一个精彩异常的太极人生。

申 思

2008年4月

# 作者履历

1944年7月17日出生于陕西省西安市。

1945年随父返回原居地河南省温县陈家沟。

1951年在陈家沟学校上学，后就学于徐沟完小。

1958年陈式太极拳第18代传人陈照丕还乡，随其学习陈式太极拳老架套路及器械。

1960年在青海哇玉香卡农机技校学习。

1961年到青海湖畔江西沟工作。

1963年返回河南省温县陈家沟。

1963年投师陈式太极拳第18代传人陈照丕，学习陈式太极拳老架套路及器械。

1967年任陈家沟大队民兵营长。

1970年任陈家沟业余体校校长。

1970年至1983年任陈家沟大队党支部副书记。

1972年8月河南省在登封县举办太极拳表演赛，任新乡地区领队（陈照丕老师任教练），会后向省委领导汇报表演。

1972年12月30日陈照丕老师病逝。这时太极拳正处于青黄不接时期，特派陈茂森赴北京请陈照奎老师返乡，传授太极拳新架套路。

1973年任温县领队兼教练，参加河南省在开封市举行的第2届武术运动大会。

1974年获新乡地区太极拳选拔赛第1名。

1974年任河南省武术协会会员。

1975年再次荣获河南省新乡地区太极拳选拔赛第1名。

1976年任温县队领队兼教练，参加新乡地区太极拳比赛。

1981年参加在河南省平顶山市举行的太极拳比赛，荣获银奖。

1982年参加河南省太极拳推手赛，任温县队教练兼队员，以弃权获第2名。

1982年参加河南省在平顶山市举办的太极拳比赛，荣获金牌。

1982年参加在北京工人体育场举行的全国太极拳推手比赛，荣获冠军。

1983年1月调到河南省体委武术处工作。

1983年7月27日受全日本太极拳协会的邀请，以陈家沟太极拳武术学校校长名义赴日本访问。

1984年温县武术协会成立，任副秘书长。

1984年温县举办太极拳推手比赛，任总裁判长。

1984年河南省在温县举办太极拳推手比赛，任裁判长兼温县队教练。

1984年任河南省武术馆教练。

1985年任焦作市陈式太极拳协会顾问。

1985年温县举办太极拳推手大赛，任总裁判长。

1985年河南省举办太极拳武术比赛，任温县队教练。

1985年全国太极拳比赛在山西省太原市举行，任河南省队教练。

1985年河南省太极拳选拔赛在郑州市举行，获第1名。

1985年河南省职工武术选拔赛在开封市举行，获第1名。

1985年全国首届太极拳名家邀请赛在黑龙江省哈尔滨市举行，获第1名。

1986年温县举办太极拳选拔赛，任总裁判长。

1986年河南省举办武术比赛，任温县队教练。

1986年全国太极拳推手比赛在山东省潍坊市举行，任河南省队教练。

1986年10月1日应日本七堂利幸的邀请赴日本东京、大阪等地讲学、传拳。在此期间，应日本国际文化交流协会会长和大阪市市长的邀请，参加了该协会举办的国际学术交流大会，并且表演了陈式太极拳老架一路、二路，新架一路、二路及单剑等，受到了各国代表的好评。大阪市市长赠送城市金钥匙，并被接纳为大阪市名誉市民。

1987年温县举办太极拳推手大赛，任总裁判长。

1987年被河南省体委授予一级裁判员称号。

1987年河南省旅游学会成立，任第1届常务理事会理事。

1987年温县成立中国陈式太极拳推广中心，任总教练。

1987年10月全国武术比赛在湖北省孝感市举行，任裁判。

1988年在河南省第1届青少年运动会期间从省体委被借调到焦作武术馆任

教，在河南省第1届青少年运动会上焦作市武术队取得了各项太极拳比赛的优异成绩，被焦作市人民政府记二等功一次。

1988年任少林国际武术邀请赛副总裁判长。

1988年任江西省南昌市陈式太极拳学会顾问。

1988年7月1日晋升武术中级职称，发证单位为河南体委武术馆。

1989年由天津开明文教音像出版社出版发行《中国神功——陈式太极拳王西安大系》(1)。

1989年3月2日应若瓦斯先生的邀请首次访问法国。在访问期间，接受了巴黎市第一、第二、第三电视台，《欧洲时报》，《空手道杂志社》，《解放报》等多家新闻单位专题采访。同年3月15日夜，受到法国前总统、时任巴黎市市长希拉克的接见，并合影留念。

1989年被中共温县县委授予先进科技工作者称号。

1990年8月受日本濑户口笃邀请赴日为第11届亚洲运动会开幕式中日太极拳表演培训日本队员。

1991年被河南师范大学聘为名誉教授。

1991年河南省太极拳剑比赛在开封市举行，任副总裁判长。

1991年任焦作市武术协会副主席。



1991年11月6日至12月10日应瑞士和法国王卫国先生的邀请，赴瑞士、法国进行讲学和访问。

1992年4月21日受国家武术院特邀，赴济南参加全国推手规则研讨会。

1992年5月18日河南省太极拳剑推手赛在平顶山市举行，任焦作市队领队兼教练。

1992年从河南省体委调到温县体委。

1992年9月任河南省温县太极武术馆副馆长兼总教练。

1993年编著的《陈式太极拳老架》一书由河南科学技术出版社出版。

1993年任温县太极拳开发委员会副主任。

1993年3月晋升为国家武术高级教练，发证单位为河南省人民政府。

1993年5月任河北省永年国际杨式太极拳联谊会副理事长。

1993年5月30日任湖南省邵阳市陈式太极拳协会顾问。

1993年6月22日被中共温县县委、温县人民政府命名为专业技术拔尖人才。

1993年10月受国家武术院特邀，赴杭州参加全国推手规则研讨会。

1993年12月1日任河北省永年国际太极拳学院总教练。

1993年12月13日任南京市陈式太极拳研究会高级顾问。

1994年从温县体委调到温县旅游局工作。

1994年被河南大学特邀为体育系太极拳培训中心副主任兼总教练。

1994年应简柳军先生之邀赴法国巴黎讲学，并成立了巴黎温县武术馆巴黎分馆，任总教练。

1994年6月在全国武术之乡比赛中，中共温县县委、温县人民政府给予记功表彰一次。

1994年9月6日受马来西亚少林国术健身社的邀请，任本社总教练。

1994年12月14日赴法国巴黎讲学。

1995年应日本TBS电视台与福昌堂出版社之约，在日本出版发行了《中国神功功夫最好》录像带，《陈式太极拳老架一路、二路及单势演练与技击用法》一、二集。

1995年11月应日本东京都野口敦子女士的邀请，赴东京、神户、广岛、横滨等地讲学。

1996年5月应法国骆丽微女士的邀请，赴法国、荷兰、西班牙等国讲学。

1996年8月1日任山东省济宁市发电厂武术队高级顾问。

1996年8月6日任山东省兖州市体育协会高级顾问。

1996年8月28日任韩国城市太极气功协会常任顾问。

1997年任江苏省泗洪县国际太极拳年会泗洪分会名誉会长。

1997年被聘为上海国际武术节特邀嘉宾。

1997年3月纳入《国家名人典》。

1998年2月任浙江省温州市国术馆顾问。

1998年6月任美国休斯敦太极拳武术馆顾问。

1998年7月编著的《陈式太极拳推手技法》一书由河南科学技术出版社出版。

1998年8月任28集电视连续剧《太极宗师》武术顾问。

1998年11月任福建省漳州市太极拳协会顾问。

1999年自筹资金，兴建一所占地约2万平方米的陈家沟武术院（于1999年

6月破土动工，2001年1月1日举行开学典礼）。

1999年2月《陈式太极拳老架》（法文版，简柳军译）在法国发行1万册。

1999年6月纳入《中国民间武术家名典》。

1999年7月应法国巴德纳市体育部、艾变协会苏吾·阿兰先生的邀请赴法国讲学。

1999年7月编著的《陈式太极拳老架技击秘诀》一书由河南科学技术出版社出版。

1999年8月纳入《中国专家人才库》。

1999年8月纳入《中国百业领导英才大典》。

1999年9月纳入《世界优秀人才大典》。

1999年9月纳入《中国跨世纪人才大全》。

2000年2月纳入《国际名人录》。

2000年3月纳入《二十一世纪人才库》。

2000年4月组建了美国加利福尼亚州陈家沟武术院美国分院。

2000年4月美国加利福尼亚州金太阳女士成立了王西安太极拳研究会。

2000年5月纳入《中国专家学者辞典》。

2000年5月17日应美国加利福尼亚州李书东先生的邀请，到旧金山、休斯敦等地讲学。同时作为太极瑰宝国际武术锦标赛、美国勤武武术联合会的特邀代表，前往表演。广大太极拳爱好者给予高度赞扬。《世界日报》、《神州日报》等媒体纷纷报道，被《美南新闻》誉为“国际太极拳王”。

2000年6月29日，应法国巴德纳市体育部、艾变协会苏吾·阿兰先生的邀请赴法国讲学。

2000年6月被法国巴德纳市市长米琪·尔维先生授予“巴德纳市永久荣誉市民”称号。

2000年7月组建法国巴德纳市艾变协会，成立了陈家沟武术院巴德纳分院（分院院长为卡西亚阿列克斯）。

2000年7月纳入《跨世纪人才》。

2000年8月纳入《中国当代创业英才》。

2000年8月20—26日作为特邀嘉宾任中国·焦作国际太极拳年会仲裁。

2000年8月任中国民间武术家联谊会副会长。

2000年9月纳入《中华人物大典》。

2000年9月纳入《中国专家大辞典》。

2000年9月纳入《中国世纪专家》。

2000年9月纳入《华夏英杰》。

2000年10月纳入《辉煌成就，世纪曙光》。

2000年11月纳入《中国专家人名辞典》。

2000年11月纳入《中国人才世纪献辞》。

2001年任陈家沟武术院院长。

2001年参加“隆威”中国珠海国际太极拳交流大会，为特邀嘉宾兼技术顾问。

2001年8月应法国艾变协会苏吾·阿兰先生的邀请，和阎素杰女士一起到法国巴德纳及西班牙帮补路那讲学。在法国讲学时，学生为来自欧洲各国的太极拳教练；在西班牙讲学时学员达500多人。

2002年任香港太极气功社第2届名誉会长。

2002年8月被聘为第2届中国温县国际太极拳年会特邀嘉宾。

2002年8月应法国艾变协会苏吾·阿兰先生的邀请到法国巴德纳讲学。

2003年在河南音像出版社出版太极拳教学VCD 7套。

2003年王西安国际太极拳协会希腊分会成立。

2003年4月被聘为洛阳师范学院客座教练。

2003年4月赴温州、杭州讲学。

2003年5月王西安拳法研究会香港分会成立，到会的香港各界领导及太极拳爱好者300余人。

2003年8月应法国艾变协会苏吾·阿兰先生和基先生的邀请赴法国巴德纳、米路丝市讲学，学生为来自各国的太极拳教练。

2003年9月被江苏太仓太极拳交流大会聘为特邀嘉宾。

2003年9月赴佛山、桂林、昆明、重庆、石狮、厦门和西安讲学交流。

2003年10月赴山东讲学。

2004年在法国成立王西安拳法研究会法国分会，菲利浦德拉日任会长。

2004年4月应美国李书东先生的邀请，与阎素杰女士一起赴美国讲学。

2004年7月应法国艾变协会苏吾·阿兰先生的邀请赴法国巴德纳讲学。

2004年8月温县王西安拳法研究会成立，阎素杰任第1届会长。

2004年8月第1届王西安拳法研究会学习班开班，到会的全国各地教练及学员100余人。

2005年任香港太极气功社第3届名誉会长。

2005年应沟丁那·阿兰先生之邀赴法国授拳。

2005年任焦作市太极拳研究会副会长。

2005年温县太极拳研究会成立，任副会长。

2005年任温县太极拳剑比赛仲裁。

2005年2月应法国王西安拳法研究会基先生和菲利浦德拉日两人之邀到米路丝市和蒙都班市讲学。

2005年5月11日被香港太极气功社聘为2005年武术交流会演嘉宾。

2005年7月应王西安拳法研究会法国分会、巴德纳市体育部、沟丁那·阿兰先生的邀请，与阎素杰女士一起到毛里翁市讲学。

2005年9月被聘为中国焦作国际太极拳年会特邀嘉宾。

2005年10月王西安拳法研究会温州丽水分会成立。

2005年10月浙江桐乡市王西安拳法研究会桐乡分会成立。

2005年10月28日温州成立王西安拳法研究会温州分会。



2006年广州华都王西安拳法分会成立。

2006年1月荣获中国民间武术家联谊会优秀副会长称号。

2006年2月受王西安拳法研究会法国分会美野莱蒙女士和基先生的邀请，与阎素杰女士一起赴法国比雅丽市和米路丝市授拳。

2006年3月应李书东先生的邀请，与阎素杰女士一起赴美国加利福尼亚州授拳。

2006年5月任第2届东亚武术交流大会顾问，兼王西安拳法研究会教练。

2006年5月任河南省太极拳剑比赛仲裁。

2006年5月《陈式太极拳老架》、《陈式太极拳老架技击秘诀》、《陈式太极拳推手技法》（法文版，沟丁那·阿兰翻译）在法国发行。

2006年5月被聘为香港中华内家拳总会永久名誉会长。

2006年7月应王西安拳法研究会法国分会、巴德纳市政府、郑寿杰先生的邀请，与阎素杰女士一起到法国巴德纳市讲学。

2006年8月河南省温县举办“王西安太极人生”大型影展。

2006年9月和阎素杰女士一起到河南鹿邑县讲学。

2006年11月被河南电视台武林风聘为专家评委。

2007年元旦，应林俊生先生邀请赴香港参加“太极推手”名家表演并担任仲裁。

2007年1月王西安拳法研究会濮院分会成立。

2007年2月和阎素杰女士一起赴法国、意大利讲学。

2007年5月应王西安拳法研究会的邀请，在温县举办“陈式太极拳老架一路”提高班。

2007年5月被河南电视台武林风聘为专家评委。

2007年6月被命名为第一批国家级非物质文化遗产陈式太极拳传承人。

2007年7月应香港太极气功社邀请，赴香港讲学并担任“回归杯太极推手比赛”仲裁。

2007年8月10日在陈家沟培训王西安拳法研究会法国分会、意大利分会、希腊分会会员，及俄罗斯、奥地利、美国学生。

2007年8月应邀参加“中国·焦作国际太极拳交流大赛”名家表演。

2007年9月接受国务院新闻办的采访。

2007年10月3日，应邀参加“中国太极拳发源地、中国太极拳文化研究基地”授牌仪式暨陈家沟全国太极拳邀请赛开幕式上名家表演。

2007年11月1日受韩国“掤捋挤按学校”邀请携弟子申思及石东赴韩国参加太极拳文化交流。

2007年11月5日和阎素杰女士一起应邀参加王西安拳法研究会淄博分会挂牌仪式。

2007年11月5日，入围央视武林大会陈式太极拳海选的16强太极高手中，王西安拳法研究会会员占七名，他们分别是：王战军、陈三虎、李天金、宋三星、樊帅鑫、王峰、范魁。

2007年11月7日应中央电视台武术大会训练营的邀请，以武林大会全国选拔赛训练营指导专家的身份，携温县体育局武术科科长王东方、王西安拳法研究会会长阎素杰，共同前往马鞍山对入围十六强的选手等进行集中训练、指导。

2007年11月23日在陈家沟培训日本东京陈式太极拳学员。

2007年11月接受黑龙江卫视的采访。

2007年11月24日邀请美国国际文化科学院院士、太极图文化研究所所长、四川华林自控科技有限公司董事长明赐东先生，到陈家沟武术院进行“太极图探秘”及“中国始原文化——太极”的讲座。

2007年12月25日和阎素杰女士一起应登封市嵩山少林寺第一武术学院的邀请参加中国·陈家沟太极拳少林培训基地揭牌典礼仪式，同时被聘为训练基地的顾问。

2007 年12月28日应佛山弟子和粤港澳地区太极武术爱好者的要求和阎素杰女士一起到佛山市岭南明珠体育馆讲学。

2007年12月被中央电视台聘为武林大会陈式太极拳专家评委。

2008年2月7日应王西安拳法研究会法国分会、意大利分会、希腊分会的邀请，和阎素杰女士一起赴欧洲讲学。

2008年3月王西安拳法研究会会员王战军、陈三虎、李天金、樊帅鑫囊括中央电视台武林大会陈式太极拳四个周擂主，王战军获总擂主。

（截稿于2008年4月）